Jörg Aufenanger
Richard Wagner und Mathilde Wesendonck

für Stefan Seitz

Jörg Aufenanger
28. August 2007

Jörg Aufenanger

Richard Wagner und Mathilde Wesendonck

Eine Künstlerliebe

Patmos

Bibliografische Information der Deutschen Nationalbibliothek
Die Deutsche Nationalbibliothek verzeichnet diese Publikation in der
Deutschen Nationalbibliografie; detaillierte bibliografische Daten
sind im Internet über http://dnb.d-nb.de abrufbar.

© 2007 Patmos Verlag GmbH & Co. KG, Düsseldorf
Alle Rechte vorbehalten.
Printed in Germany.
ISBN 978-3-491-35010-6
www.patmos.de

INHALT

9 »Sie ist und bleibt meine erste und einzige Liebe.«

13 **Vorspiel**
Erster Augenblick

51 **Erster Akt**
»Wißt Ihr, wie das wird?«

95 **Zweiter Akt**
Im Treibhaus

137 **Dritter Akt**
Entsagung – und was nun?

181 **Nachspiel**
»Wißt Ihr, wie das wardt?«

198 Ausgewählte Literatur
199 Bildnachweis

Das »Asyl« neben der Villa Wesendonck auf dem grünen Hügel

Hochgewölbte Blätterkronen,
Baldachine von Smaragd,
Kinder ihr aus fernen Zonen,
Saget mir, warum ihr klagt?

Schweigend neiget ihr die Zweige,
Malet Zeichen in die Luft,
Und der Leiden stummer Zeuge
Steiget aufwärts, süßer Duft.

Weit in sehnendem Verlangen
Breitet ihr die Arme aus,
Und umschlinget wahnbefangen
Öder Leere nicht'gen Graus.

Wohl, ich weiß es, arme Pflanze;
Ein Geschicke teilen wir,
Ob umstrahlt von Licht und Glanze,
Unsre Heimat ist nicht hier!

Und wie froh die Sonne scheidet
Von des Tages leerem Schein,
Hüllet der, der wahrhaft leidet,
Sich in Schweigens Dunkel ein.

Stille wird's, ein sauselnd Weben
Füllet bang den dunkeln Raum:
Schwere Tropfen seh' ich schweben
An der Blätter grünem Saum.

Mathilde Wesendonck,
»Im Treibhaus«

Richard Wagner. Portrait von Friedrich Pecht

»Sie ist und bleibt meine erste und einzige Liebe.«

VIEL IST ER SCHON GEREIST in diesem Jahr, der Mann von fünfzig Jahren. Er war in Prag, Moskau, St. Petersburg und Berlin, und nun sitzt er erneut in einer Kutsche. Sie bringt ihn hinaus nach Penzing bei Wien. Vor zwei Wochen hat er seinen Geburtstag gefeiert. Bin ich nun ein alter Mann, was steht mir noch bevor, fragt er sich und zweifelt, an sich, an seinem Werk, an der Liebe. Er denkt an Mathilde, neunundzwanzig Jahre alt, und bildhübsch, die er im Jahr zuvor kennen gelernt und in die er sich heftig verliebt hat, Mathilde Maier, denkt an Friederike Meyer, die Schauspielerin in Frankfurt, die ihn eingefangen hat, und an Minna, seine Frau, mit der er noch verheiratet ist und die er vor sieben Monaten in Dresden ein letztes Mal gesehen hat. Ja, ein letztes Mal, sagt er sich. »Mir fehlt eine Heimat«, flüstert er vor sich hin, damit es keiner hört und meint mit Heimat eine Frau, die sich trotz allem seiner annähme, trotz der jämmerlichen Umstände, in denen er bis vor einem Monat gelebt hat, immer unterwegs, doch jetzt hat er sich in Penzing ein Zuhause geschaffen, auch ohne eine Frau. Eine Frau wie Mathilde müsste es sein, doch eine wie die Wesendonck gibt es nicht ein zweites Mal. Das weiß er und sehnt sich immer wieder an ihre Seite zurück und in die herrliche Zeit in Zürich am See vor zehn Jahren. Da war er vierzig Jahre alt. Er wird ihr schreiben, nein, nicht der Wesendonck, lieber Eliza, ihrer Freundin. Kaum ist er in seinem luxuriösen Domizil angekommen, nimmt er Papier, Feder und Tinte zur Hand, setzt an den Briefrand schon einmal den 3. Juni 1863, schreibt einiges und dann:

»Sie ist und bleibt meine erste und einzige Liebe. Das fühl' ich nun immer bestimmter. Es war der Höhepunkt meines Lebens: die bangen, schön beklommenen Jahre, die ich in dem wachsenden Zauber ihrer Nähe, ihrer Neigung verlebte, enthalten alle Süße meines Lebens.«

Er blickt auf die vergoldete Feder, die hat Mathilde ihm geschenkt, mit ihr hat er seinen Tristan gedichtet, in Musik gesetzt, er schaut sich um, schaut in den sommerlichen Garten, denkt, was nützt mir all die Pracht, und schreibt weiter:

»Man liebt doch nur ein Mal, was auch Berauschendes und Schmeichelndes das Leben an uns vorbeiführen mag: ja jetzt erst weiß ich ganz, dass ich nie aufhören werde, sie einzig zu lieben.«

Eigentlich will er diese Liebeserklärung Mathilde Wesendonck selbst schreiben, doch er traut sich nicht, hat sie sich doch von ihm zurückgezogen, auch will er ihren Mann Otto nicht erneut verraten, wie damals, als der in Amerika weilte, und er und Mathilde monatelang ungestört im Haus über dem See ihre Liebe leben konnten. Darum wendet er sich wieder einmal an seine Vertraute Eliza Wille, die auch Mathildes Freundin ist, beendet den Brief, ruft nach dem Diener, der ihn eiligst auf die Poststation bringen soll, damit er bald in Mariafeld eintreffe. Vielleicht wird Eliza eine Wiederbegegnung mit Mathilde Wesendonck vermitteln.

Was für ein Jahr! Nachdem er aus Paris zurückgekehrt war, vagabundierte er durch Deutschland: Mainz, Biebrich, Karlsruhe, Dresden, durchlebte die Krise seines fünfzigsten Jahrs. Ende 1862 ließ er sich bei Wien nieder. Man machte ihm Hoffnung, hier »Tristan und Isolde« uraufzuführen, die Oper, die aus der Liebe zu Mathilde hervorgegangen war. Er brach nach Russland auf, gab Konzerte in St. Petersburg und Moskau, ein umjubelter Erfolg und ein Geldsegen. Endlich. Über 7000 Taler brachte die Tournee ein. Also schuf er sich ein Heim, im Haus des Baron von Rackowitz, zwar ohne eine Frau zum Haus, aber mit einem Dienerehepaar und einem Hausmädchen. Luxuriös über alle Maßen musste es sein, und er gab Anweisungen für das Interieur: »Ich erwarte folgende Arbeiten: zwei braune Lehnstühle für das Musikzimmer, die neu zu überziehenden Lehnstühle für das grüne Eckzimmer (violette Seide), den violett samtenen hohen Lehnstuhl, den rot samtenen großen Polstersessel für die Schlafstube, den großen Spiegel, die violetten Samtteppiche und die Mahagonikommode und den Pfeilerschrank, die sämtlichen Gardinen für das grüne Zimmer.« Und so vieles mehr. Wagner schwelgt in diesem Traum aus Samt und Seide, erinnert sich an den Luxus der Wesendonckschen Villa in Zürich. Doch jetzt lebt er hier. Aber allein. Und nicht mehr lange. Nach wenigen Monaten ist das kleine Vermögen schon aufgebraucht, er muss Schulden machen, die häufen sich an, Schuldhaft droht, er versetzt, was er noch besitzt. Der Traum, das Leben eines Großbürgers zu führen, ist wieder einmal ausgespielt. Die Proben zu »Tristan und Isolde« werden abgesetzt. Angeblich unspielbar, seine Herzensoper, seine Oper der Opern. Erneut muss er auf Reisen gehen, gibt Konzerte in Prag, Budapest und Karlsruhe, hofft auf einen großherzoglichen Mäzen in Baden, doch vergeblich, und er kehrt zurück nach Wien.

Am 23. März 1864 flieht er vor den Gläubigern aus der Stadt, trägt Frauenkleider, damit man ihn nicht erkennt. Sein erstes Ziel ist München, er irrt durch die Straßen der Stadt, findet keine Hilfe, eilt weiter in die Schweiz, erreicht völlig verwahrlost das Haus von Eliza Wille in Mariafeld. Nur wenige Kilometer sind es nach Zürich. Er ist Mathilde nah und doch so fern.

Hier in der Stadt an der Limmat hatte die Flucht Richard Wagners nach dem Dresdener Aufstand vor fünfzehn Jahren ihr Ende genommen, hier fand er später Asyl, im Anwesen von Otto und Mathilde Wesendonck, hier begann eine Liebe, die in einem Drama mit Musik endete.

Mathilde Wesendonck. Portrait von Karl Ferdinand Sohn, um 1850

VORSPIEL
Erster Augenblick

FAST DREI JAHRE lebt Richard Wagner schon in Zürich, als der Mann von vierzig Jahren am späten Abend des 17. Februar im Jahr 1852 Mathilde Wesendonck erblickt. Er hat ein Konzert im Casino der Stadt dirigiert. Im Anschluss daran gibt Hermann Marschall von Bieberstein, Redakteur am Zürcher Tagblatt und Wagners Freund aus Dresdener Barrikadentagen, in seinem Haus einen Empfang. Das Ehepaar Otto und Mathilde Wesendonck ist zugegen. Beide hatten schon das Konzert einen Monat zuvor besucht, in dem Wagner Werke von Ludwig van Beethoven dirigierte. Nun aber sieht sie ihn nicht mehr nur in gebührender Entfernung am Dirigentenpult stehen, er steht vor ihr, als sie einander vorgestellt werden. Sie schauen einander in die Augen. Ein Augenblick, der das Leben beider verändern und das Werk des Komponisten bereichern wird. Eine Woche später schreibt Wagner an seinen Dresdener Freund Theodor Uhlig: »Einige neue Bekanntschaften haben sich mir aufgedrungen: ihrem männlichen Teile nach sind sie mir sehr gleichgültig, weniger dem weiblichen nach. Ein reicher junger Kaufmann, Wesendonck – des Reichtäglers Bruder – hat sich seit einiger Zeit hier niedergelassen, und zwar mit großem Luxus: seine Frau ist sehr hübsch.« Doch es ist nicht allein die Schönheit der jungen Frau, die ihn beeindruckt und betört. Etwas anderes, Wichtigeres ist hinzu getreten, wenn er fortfährt: »und scheint aus dem Vorworte der 3 Operndicht. Schwärmerei für mich gefasst zu haben.«

Wagners Musik kennt Mathilde Wesendonck da noch nicht. Sie muss sich noch vier Wochen gedulden, denn erst wird sie von ihm selbst dirigiert die Tannhäusermusik hören. Es ist Wagners Dichtung, die sie beeindruckt hat. Sie hat den »Fliegenden Holländer«, den »Tannhäuser« und den »Lohengrin« gelesen und das Vorwort, das er den Textbüchern der Opern beigegeben hat, die seit kurzem in Zürich erhältlich sind: »Drei Operndichtungen nebst einer Mitteilung an seine Freunde.« Dieses Vorwort ist zum einen eine autobiographische Skizze, zum anderen eine Einschwörung auf sein Werk und zum dritten eine Aufforderung Wagners, ihn zu lieben, als Menschen. Und ihr ist Mathilde Wesendonck bereit, zu folgen. Das scheint sie ihm bei dieser ersten Begegnung ohne viele Worte verständlich gemacht zu haben. Also liebt er auch sie, da sie ihn liebt.

Kaum hatte sie die Textbücher erstanden, vertiefte sie sich darin und in das Vorwort. Was aber las die junge Frau in dieser »Mitteilung an die Freunde«? Was entflammte sie derart, das es ihrem jungen Leben Ziel und neuen Schwung gab?

Richard Wagner führt in der Schrift aus, er könne nur hoffen, von denen verstanden zu werden, »welche Neigung und Bedürfnis fühlen, mich zu verstehen und dies können eben nur meine Freunde sein«, und fährt fort:

»Für solche aber kann ich nicht die halten, die vorgeben mich als *Künstler* zu lieben, als *Mensch* jedoch mir ihre Sympathie versagen zu müssen glauben. Ist die Absonderung des Künstlers vom Menschen eine ebenso gedankenlose, wie die Scheidung von Leib und Seele, und steht es fest, dass nie ein Künstler geliebt wird, nie seine Kunst begriffen werden konnte, ohne dass er – mindestens unbewusst und unwillkürlich – auch als Mensch geliebt wurde.« Zu dieser Liebe fühlt Mathilde von Wesendonck sich nun bereit und bestimmt, und hat doch nur seine Operndichtungen gelesen und das Vorwort, dem er noch in einer Fußnote hinzugefügt hat: »Ich stelle an den, der mich verstehen soll«, und eben nicht nur will, »einzig die Forderung, dass er mich so und nicht anders sehe, wie ich wirklich bin.«

Gesehen und gelesen hat sie ihn nun. Jetzt will sie auch seine Musik hören.

Genau dreißig Tage nach dem ersten Blick aufeinander dirigiert Richard Wagner seine »Tannhäuser«-Ouvertüre, am Geburtstag ihres Mannes Otto. Ein erster Dreiklang. Und einen Monat später hören und sehen die Wesendoncks Wagners Oper »Der Fliegende Holländer« am Theater der Stadt Zürich. Der Dichter und Komponist steht selbst am Dirigentenpult. Mit seiner Kunst kann Mathilde nun sein Leben verstehen und ihn als Menschen lieben, wie er es eingefordert hat. Eine Einschwörung. »Überhaupt und in allen Fällen« schwört Wagner seine Freunde weiter ein, verlangt von ihnen, ihn auch in Zukunft zu lieben, und begründet damit selbst einen quasireligiösen Bund, die Wagner-Gemeinde, der von nun an Mathilde und Otto Wesendonck ihr Leben lang und des »Meisters« Leben lang angehören werden, allen Irrungen und Wirrungen zum Trotz.

EINE KUNSTSINNIGE BÜRGERSTOCHTER

Mathilde Wesendonck ist dreiundzwanzig Jahre alt, als sie Richard Wagner zum ersten Mal erblickt, seit drei Jahren ist sie mit Otto Wesendonck verheiratet, eine Tochter hat sie zur Welt gebracht. Nun ist ein zweiter Mann in ihr Leben getreten, einer, der ihre Träume eines Lebens in Kunst entfacht.

Geboren ist sie als Agnes Luckemeyer am 23. Dezember 1828, einem Dienstag, morgens um drei Uhr fünfzehn in Elberfeld. Das Geburtshaus stand nahe der Wupper im Kipdorf. Ihr älterer Bruder Karl Rudolf ist drei Jahre zuvor zur Welt gekommen, sie ist das zweite Kind von Johanna und Karl Luckemeyer, wird in der lutherischen Kirche der Stadt getauft. Elberfeld ist ein Zentrum eines besonders strengen, oft auch calvinistisch geprägten Protestantismus, der den Fleiß und den Erfolg im Leben, vor allem den materiellen, als das Fußbänkchen zum Himmel ansieht. Zugleich ist die Stadt zusammen mit dem benachbarten Barmen einer der Geburtsorte der maschinellen Produktion in Europa. Nahezu gleichzeitig mit Agnes Luckemeyer wächst hier Friedrich Engels als Sohn eines Textilfabrikanten auf.

Der Vater, Karl Luckemeyer, geboren im Jahr 1801, nannte zuerst eine Garn- und Wollfärberei sein eigen, einen jener für das Tal der Wupper so typischen Betriebe, baute dann seine Fabrik zur Produktionsstätte von Wolle und Seide aus, um sich schließlich um 1828 dem Stoffhandel zuzuwenden. Die beiden Wupperstädte Barmen und Elberfeld waren eine Wiege des frühen Kapitalismus in Deutschland, der sich hier ideal mit der protestantischen Ethik verband.

Mutter Johanna, ebenfalls 1801 geboren, entstammte hingegen einer Kölner Bankiersfamilie, und so bildeten die Luckemeyers in der Verbindung von Geld und Arbeit eine typische Familie des aufstrebenden Bürgertums. Im Alter von vier Jahren verließ die kleine Agnes ihre Geburtsstadt, denn die Familie siedelte ins nahe Düsseldorf über, wo ihr Vater eine Bank- und Handelsgesellschaft gründete und damit Teil des rheinischen Geldbürgertums wurde. Immer darauf bedacht, den technischen Fortschritt mit dem Kapital zu verbinden, rief er mit einigen Geschäftspartnern die Dampfschifffahrts-Gesellschaft für den Mittel- und Niederrhein ins Leben. Er reiste gar nach London, um mit der »Viktoria« ein besonders modernes Dampfschiff konstruieren zu lassen, das dann ab 1839 rheinauf und -abwärts fahren sollte.

Da der Vater häufig in Geschäften unterwegs war, wuchs Agnes vor allem bei der Mutter und mit den beiden Brüdern auf. Eine behütete Kindheit. Es fehlte an nichts, auch wenn die protestantische Erziehung keinen Überfluss erlaubte. Zugleich waren die Luckemeyers eine kulturbeflissene Familie, denn Bildung gehörte zum Dekor der Bürgerlichkeit. Man las Schiller und Goethe, aber auch Novalis und Hoffmann, man machte Hausmusik. Wurden die Mädchen bisher nur zu Hause unterrichtet, so gründete die neue Bourgeoisie auch eigene Schulen. Agnes Luckemeyer besuchte eine Düsseldorfer »Töchterschule«, lernte dort lesen und schreiben, über Literatur zu sprechen, aber eben auch gutes Benehmen und gesittete Umgangsformen, als unerlässliche Vorbereitung auf das Leben an der Seite eines Mannes von Geld und Welt.

Düsseldorf war in den dreißiger Jahren des 19. Jahrhunderts als wichtiger rheinischer Handels- und Finanzstandort auch eine Stadt der Musik, des Theaters und der Malerei. Carl Immermann war Intendant des Theaters; Felix Mendelssohn Bartholdy, wirkte für einige Zeit als Düsseldorfer Musikdirektor, war aber auch kurzzeitig Chef des Niederrheinischen Musikfests. Immermann wollte eine Musterbühne für seine Epoche gründen. Sie sollte nicht wie in jener Zeit üblich allein ein bemalter Prospekt sein, vor dem die Schauspieler und die Sänger steif herumstehend deklamierten oder sangen, sondern ein Raum, in dem sie agieren, Figuren finden und darstellen, spielen konnten, eine kleine Theaterrevolution, die in manchem Wagners Vorstellungen von der Bühne vorwegnahmen, wie er sie zwanzig Jahre später in der Schrift »Oper und Drama« und eben auch in den »Mitteilungen an die Freunde« darlegen wird. Zudem schuf Immermann ein Repertoire des Welttheaters mit Werken von Calderón, William Shakespeare, Victor Hugo, Gotthold Ephraim Lessing, Goethe, Schiller und Kleist und machte das Haus am Düsseldorfer Markt zu einer in Deutschland viel beachteten Bühne. »Es ist der Beginn einer neuen, einer besseren Epoche«, schrieb der Dramatiker Christian Dietrich Grabbe in seiner Abhandlung über die Immermannsche Musterbühne.

Agnes Luckemeyer, die noch zu jung war, um die Aufführungen zu sehen, wuchs in einer Welt auf, in der das Theater, die Musik und die anderen Künste sie wesentlich prägten, ihr zum Lebenselixier wurden, empfing doch ihre Familie sowohl Immermann als auch die Schauspieler und Musiker des Theaters, wie auch die Künstler der Düsseldorfer Malerschule in ihrem Salon. Schon als junges Mädchen hatte sie die Sehnsucht eingefangen, ein Leben in Kunst zu führen, früh hatte sie wie fast alle Bürgertöchter der Zeit begonnen, das Klavierspiel zu erlernen, und sie muss das Piano bald gut beherrscht haben, spielte sie doch zusammen mit ihrem Lehrer eine vierhändige Transkription der »Freischütz«-Ouvertüre. Carl Maria von Weber zählte zu ihren Lieblingskomponisten, tauchte sie doch in seiner Musik wie in eine romantische Welt ein, die bevölkert war von Fabelwesen und einer Frau wie Agathe, die sich in eine weiße Taube verwandeln wollte. Die Musik wurde für sie zu einer Gegenwelt, in die sie sich flüchten konnte, wenn sie das geregelte, oft strenge bürgerliche Leben zu sehr beengte.

Ihre behütete, glückliche Kindheit nahm abrupt ein Ende, als der Vater sie im Alter von fünfzehn Jahren nach Frankreich schickte, sie entfernte von den Freundinnen und aus der Welt der Künste. Sie wurde nicht etwa nach Paris geschickt, wo sie Sprachen und weltläufiges Verhalten hätte erlernen können, sondern sie kam in ein Mädchenpensionat in Dünkirchen, einer kleinen Stadt am Meer im kargen kühlen Norden, wo es keinerlei kulturelle Anregungen gab. Drei volle Jahre bis 1846 musste Agnes dort ausharren, langweilte sich, erlernte auch kaum die französische Sprache, verschloss sie sich doch in ihre innere Welt.

AN WUPPER UND RHEIN

Endlich war Agnes wieder daheim. Zurückgekehrt in den Schoß der Familie fand die nunmehr achtzehnjährige junge Frau ihr geliebtes Piano wieder, streichelte die Tasten, entlockte ihnen die Klänge, die ihr solange gefehlt hatten. Endlich konnte sie auch die Konzerte, die Opern- und Schauspielaufführungen im Theater am Markt besuchen, sich in die Welt der Künste versenken, die ihr ein zweites Leben versprachen. Und sie gefiel, und es gefiel ihr, dass sie gefiel. Attraktiv, von einer raren Schönheit, hoch und schmal gewachsen mit zartester Taille, ausgesucht gekleidet mit den besten Stoffen, zudem gebildet und musikalisch wurde sie zu einer Favoritin in den Blicken der wohlhabenden jungen Männer der Stadt. Doch sie sollte sich bewahren für den einen, den sie bald treffen würde, und für den anderen, den sie Jahre später erblicken würde.

Im November 1847 fuhr sie mit ihrer Familie nach Köln. Dort besuchte sie nicht nur die Eltern ihrer Mutter, die rheinische Bankiersfamilie von Stein, sondern war auch bei der Hochzeit ihrer Cousine Emilie Schnitzler dabei, die den Arzt und Dichter Wolfgang Müller von Königswinter heiratete. Bei diesem Hochzeitsfest lernte sie Otto Wesendonck kennen, dreizehn Jahre älter als sie, ein Mann von reichlicher Erfahrung und mit ansehnlichem Vermögen, der ebenfalls in Düsseldorf lebte, wenn er sich nicht gerade in Amerika aufhielt. Schon wenige Wochen später wurde am 12. Januar in Düsseldorf Verlobung gefeiert. Die Liebe war groß, Agnes fühlte sich von dem seriösen, erfolgreichen und großzügigen Mann angezogen und meinte, einer, der schon mehrfach den Ozean überquert habe, könne weder engherzig sein noch einen beschränkten Geist besitzen. Otto Wesendonck hingegen suchte eine neue Frau, denn er war, obwohl erst dreiunddreißig Jahre alt, schon Witwer.

Agnes Luckemeyers Charme, ihre Klugheit, ihre eigenartige, engelhafte Schönheit, die klaren hellen träumerischen Augen hatten ihn gefangen genommen.

Otto Wesendonck war wie sie in Elberfeld geboren, und zwar am 16. März 1815. Sein Vater, der auch dem calvinistisch geprägten Bürgertum entstammte, besaß eine Fabrik am Ufer der Wupper, eine Türkischrotfärberei, zog dann mit der Familie ebenfalls nach Düsseldorf, wo er die Textilhandelsgesellschaft Löschigk, Wesendonck & Co gründete. Was nämlich an der Wupper produziert wurde, wurde im nahen Düsseldorf, dem Handels- und Bankenzentrum der aufstrebenden Industrieregion, in alle Welt verkauft und das erwirtschaftete Geld weiter vermehrt.

Vater Wesendonck dachte ökonomisch schon global, und so hatte er seine Söhne, sobald sie halbwegs erwachsen waren, ins Ausland geschickt, den einen nach Russland, die beiden anderen nach Amerika. Otto kam so nach New York. Auf einem seiner Heimatbesuche hatte er in Krefeld, der Seidenmetropole, die Tochter eines Textilfabrikanten kennen gelernt, Mathilde Eckhardt, und heiratete sie kurzum. Doch auf der Hochzeitsreise nach Italien erkrankte die Braut in Florenz an Typhus und verstarb schon zwei Monate nach der Hochzeit. Mathilde fehlte ihm, und so musste er als junger Witwer allein nach Amerika zurückkehren.

Aber schon ein Jahr später fand er eine neue Mathilde. Nach der Hochzeit mit Agnes Luckemeyer am 19. Mai 1849 nannte er diese nämlich in Erinnerung an seine erste Frau ebenfalls Mathilde. Und Mathilde Wesendonck war geboren. Was sollte sie dazu sagen? Sie schickte sich darein, den Namen seiner verstorbenen Frau zu übernehmen. Die Hochzeitsreise hatte sie nach Frankfurt geführt, ausgerechnet in jenen Tagen, als die deutsche Revolution in der Frankfurter Paulskirche ihr Parlament errichtete. Ottos Bruder Hugo Wesendonck war einer der Abgeordneten, der für die Stadt Düsseldorf dorthin entsandt worden war. Er forderte nicht nur einen vom Volk gewählten Monarchen, sondern auch eine dem Parlament unterstellte Armee, was aber von der Mehrheit der Abgeordneten, die keine wirkliche Revolution, keinen endgültigen Bruch mit der Monarchie wollte, als zu radikal abgelehnt wurde. Sein Engagement wird dem Demokraten nach der Zerschlagung des Frankfurter Parlaments das Todesurteil einbringen. Der Vollstreckung entging er nur, weil Otto ihn rechtzeitig nach Philadelphia schickte, um in Amerika die Handelsinteressen der Familie zu vertreten. Otto selbst wäre liebend gern auch dorthin zurückgekehrt, doch Mathilde verweigerte das, da sie ein Kind erwartete. Als der Sohn Paul aber wenige Monate nach der Geburt starb, brach das Ehepaar im Mai 1850 doch nach Amerika auf. An Auswanderung dachten die beiden im Grunde nicht, oder Otto doch?

Sie nehmen in Düsseldorf zuerst ein Dampfschiff bis Rotterdam, das ihrem Vater Luckemeyer und seiner Compagnie gehört. In der holländischen Hafenstadt besteigen sie das Schiff, das sie über den Atlantik bringt und dessen Luxus Mathilde staunen lässt. Am Abend spielen Orchester im Ballsaal auf, man speist vorzüglich in den von großen Lüstern erleuchteten Sälen, spielt Karten in den Salons. Nach vierzehn Tagen erreichen die Wesendoncks New York, steigen in einem Hotel der Broadstreet ab, das nahe dem Handelbüro der Firma Wesendonck liegt. Mathilde erlebt das Abenteuer dieser Weltstadt, die sich so sehr von allen Städten unterscheidet, die sie kennt. Man trifft Exilanten aus Deutschland, vor allem aber Geschäftsleute aus den Ländern Europas und aus allen Gegenden der Vereinigten Staaten von Amerika. Otto Wesendonck betreibt seine Geschäfte, Mathilde langweilt sich auf die Dauer, sehnt sich bald nach dem alten Kontinent und der gewohnten Lebensart zurück. Nach vier Monaten schifft das junge Paar sich wieder nach Europa ein. Doch wohin? In Deutschland war kein Bleiben mehr.

DRESDEN UND ZÜRICH

New York, Paris, London, aber auch Zürich waren die Städte, wo es diejenigen hinzog, die wegen der Zustände in Deutschland dort nicht mehr leben mochten oder durften. Nur vier Wochen blieben Mathilde, um sich von ihren Freunden in Düsseldorf und den Eltern zu verab-

Politisch gefährliche Individuen.

Richard Wagner
chemal. Kapellmeister und politischer Flüchtling aus Dresden.

Steckbrief.

Der unten etwas näher bezeichnete Königl. Capellmeister Richard Wagner von hier ist wegen wesentlicher Theilnahme an der in hiesiger Stadt stattgefundenen aufrührerischen Bewegung zur Untersuchung zu ziehen, zur Zeit aber nicht zu erlangen gewesen. Es werden daher alle Polizeibehörden auf denselben aufmerksam gemacht und ersucht, Wagnern im Betretungsfalle zu verhaften und davon uns schleunigst Nachricht zu ertheilen.

Dresden, den 16. Mai 1849.
Die Stadt=Polizei=Deputation.
von Oppell.

Wagner ist 37—38 Jahre alt, mittler Statur, hat braunes Haar und trägt eine Brille.

Steckbrief der Dresdener Polizei gegen Richard Wagner, Mai 1849 schieden. Noch im Oktober des Jahres 1850 nahm sie mit ihrem Mann den Weg nach Zürich, wo das Ehepaar am 21. des Monats ankam und im Hotel »Baur au Lac« abstieg. Richard Wagner war schon in der Stadt an der Limmat und dirigierte am Abend, als die Wesendoncks dort eintrafen, Bellinis Oper »Norma«.

Anfang Mai 1849 hatte sich Wagner in Dresden, wo er königlich sächsischer Hofkapellmeister war, am Aufstand beteiligt. Wie andere Revolutionsteilnehmer hatte er gegen die Verfassungsverletzungen des Königs auf den Barrikaden gekämpft und wurde nach der Niederschlagung der Revolte durch preußische Truppen am 16. Mai per Steckbrief gesucht. Die Repression gegen die Aufständischen hatte eingesetzt. »Wagner ist 37–38 Jahre alt, mittler Statur, hat braunes Haar und trägt eine Brille«, ist in dem Steckbrief über den königlichen Ersten Kapellmeister zu lesen. Er ist wegen »wesentlicher Teilnahme an der stattgefundenen aufrührerischen Bewegung zur Untersuchung zu ziehen, aber nicht zu erlangen gewesen.« Auch sein Konterfei fehlte auf dem Steckbrief nicht. Wagner hatte sich der Verhaftung entzogen, war zusammen mit dem russischen Anarchisten Bakunin, der ebenfalls auf die Dresdener Barrikaden gestiegen war, nach Freiberg geflohen, dann durch Sachsen und Thüringen geirrt, hatte sich in Weimar bei seinem Freund Franz Liszt eine kurze Ruhepause gönnen können. Dort wohnte er einer Orchesterprobe zu seinem Tannhäuser bei und war so gerührt, dass er weinte. Dann traf sich Wagner in Magdala, einem Dorf in der Nähe, heimlich mit seiner Ehefrau Minna. Er hatte die Schauspielerin und Erste Liebhaberin des Magdeburger Theaters vor gut zwölf Jahren geheiratet, nachdem er sie im Sommertheater von Bad Lauchstädt erstmals gesehen hatte. »Die geahnte Sorge war in mein Leben getreten«, schrieb er nach der ersten Liebesnacht mit Minna Planer. Die einst gefeierte Schauspielerin war zwei Jahre älter als er und hatte es nun schon seit langem aufgegeben, die Liebhaberin oder andere Rollen auf der Bühne zu geben, sie spielte nur noch die der Ehefrau an der Seite des selbsternannten Genies. Er hatte Geburtstag, darum suchte sie ihren Mann in Magdala auf. Doch Minna machte ihm wieder Vorwürfe, durch die Teilnahme am Aufstand nicht nur die gesicherte Stellung als Kapellmeister verscherzt, sondern auch sie kompromittiert zu haben. Für ihn war die Revolution schon weit zurückliegende Vergangenheit. Er visionierte Zukunft mit ganz anderem Aufruhr, eine Revolution in der Kunst, wollte in Paris oder London mit seiner Dichtung, seiner Musik, seinem Musikdrama Fuß fassen, was die drei gemeinsamen Tage in Magdala belastete. Minna kehrte nach Dresden zurück, er machte sich zu Fuß ins nahe Jena auf und von dort in Richtung Süden. Franz Liszt hatte ihm geraten, ins französische Exil zu gehen, dorthin aber den Umweg über die Schweiz zu nehmen. »Ich bin im Sichern!«, schrieb er am 28. Mai 1849 an seine Frau nach Dresden. Wagner hatte nach einer Dampferfahrt über den Bodensee schließlich Zürich erreicht, nahm Quartier im Hotel »Zum Schwert«. Der Erste Staatsschreiber Johann Jakob Sulzer verschaffte ihm unentgeltlich einen eidgenössischen Pass.

Schon wenige Tage später reiste Wagner mit diesem weiter nach Paris, wo er zum zweiten Mal versuchte, als Dirigent und Komponist zu reüssieren. Doch: »acht Tage in Paris genügten mir, um mich über den gewaltsamen Irrtum aufzuklären, in den ich hineingeworfen war«, erklärte er in einem Brief seinem nahen Dresdener Freund, dem Schauspieler Ferdinand Heine, und beschwerte sich über »empörende Nichtswürdigkeit des Pariser Kunsttreibens, namentlich auch was die Oper betrifft.« Ein anderer deutscher Komponist, Giacomo Meyerbeer, ist der Held der Zeit und der Opernszene, der sich, wie Wagner erklärte, mit seinem Geld in das Kunstleben der Stadt an der Seine eingekauft habe. »Wie es steht, hält Meyerbeer alles in seiner Hand, d. h. in seinem Geldsacke.« Neben Meyerbeer sei kein Platz für ihn, den deutschen, den deutscheren Komponisten, erkannte Wagner gereizt und beleidigt. Doch er besaß nicht mehr genügend Geld, um nach Zürich zurückzukehren. Liszt schickte es ihm, und am 6. Juli war Wagner schon wieder an der Limmat, schrieb eine Abhandlung über »Die Kunst und die Revolution«, zog mit seiner Frau Minna, die Ende August nach Zürich nachgekommen war, in eine Parterre-Wohnung an den hinteren Escherhäusern, verfasste die Schrift »Das Kunstwerk der Zukunft« und war sich sicher, er allein als »Künstler der Zukunft« würde dieses schaffen.

Doch das Zürcher Musikpublikum hörte und sah noch nichts von dieser seiner Zukunftskunst, sieht man mal von einem privaten Benefizkonzert im November ab, in dem das große Duett aus dem 2. Akt des »Fliegenden Holländers« gegeben wurde. Mehrfach dirigierte Wagner Beethovens Sinfonien, stand am Pult bei diversen Opernaufführungen, u. a. Webers »Freischütz«, Boieldieus »Weißer Dame«, Mozarts »Don Giovanni« und »Zauberflöte«, Beethovens »Fidelio«. Wagner war wieder ganz Kapellmeister, komponierte selbst nicht, und er war ganz Dichter, entwarf erste Prosaskizzen zum »Rheingold« und zur »Walküre«.

Am 20. Januar 1852 erleben die Wesendoncks Richard Wagner erstmals am Dirigentenpult, als er im großen Casino-Saale Beethovens »Egmont«-Musik und die Achte Sinfonie dirigiert. Einen knappen Monat später stehen sich Mathilde und Richard Wagner Auge in Auge gegenüber, nachdem er im Konzert zuvor mit der »Coriolan«-Ouvertüre und der Fünften Sinfonie wiederum Beethoven dirigiert hat. An diesem Abend des 17. Februar 1852 beginnt das Abenteuer, das sowohl das Leben dreier Menschen verändern als auch die Historie der Oper prägen wird.

WEHMUT DER FRAUEN

Zürich ist in den Jahren nach der gescheiterten Achtundvierziger Revolution ein Sammelbecken der Revolutionsflüchtlinge aus Deutschland. Zu ihnen zählt auch der Zeitungsredakteur am »Tagblatt«, Hermann Marschall von Bieberstein, der mit Wagner drei Jahre zuvor auf den Dresdener Barrikaden gestanden hat und gleich ihm als Mitglied der Provisorischen Regierung aus der Stadt geflohen war. Wagner ist gern Gast seiner Familie, weil sich ihre Lebensart so angenehm vom Lebensstil der alteingesessenen Zürcher Familien unterscheidet. Nach dem Konzert vom 17. Februar 1852 hat Marschall von Bieberstein den Dirigenten in sein Haus in der Steinwiesstrasse eingeladen und mit ihm einige Konzertbesucher, vor allem Deutsche, die in Zürich leben, so den Dichter der deutschen Revolution, Georg Herwegh. Der wird Wagner am Ende des Abends auffordern, seine »Tannhäuser«-Ouvertüre vor dem Zürcher Musikpublikum endlich mit vollem Orchester erklingen zu lassen. Das geschieht auch im nächsten Abonnementskonzert der Allgemeinen Musikgesellschaft. Im Jahr zuvor war die Ouvertüre schon einmal zu hören gewesen, aber mangels eines geeigneten Orchesters in einer von Franz Liszt eingerichteten Fassung für Pianoforte. Am Flügel saß indes nicht der Komponist, sondern Hans von Bülow. Es war ein gemischtes Konzert gewesen mit Kompositionen von Meyerbeer und Spontini, die vor Wagners Ouvertüre zu hören waren. Nun also »Tannhäuser« im vollen Orchesterklang mit dem Komponisten am Pult. Mathilde ist zugegen und zum allerersten Mal hört sie die Musik dessen, der ihr dreißig Tage zuvor so tief in die Augen geschaut, sie verwirrt hat. Sie wird sich in eine unerhörte, bisher von ihr nie gehörte Klangwelt vertiefen, wird ihr verfallen, ihr nicht mehr entkommen, wie sie auch dem Komponisten dieser Klänge lange Zeit nicht entkommen kann und will.

Auf zweiundfünfzig Musiker ist das Orchester vergrößert worden, die umfangreichste Besetzung, die es bisher aufzuweisen hat. Das hat Wagner gefordert. Schon Tage vor diesem 16. März ist Mathilde Wesendonck bei den Proben zugegen, ist beeindruckt von der Sorgfalt, mit der Wagner am Klangbild feilt. Als er nun am Konzertabend ans Pult tritt, steigt ihre innere Spannung ins Äußerste, sie fiebert den ersten ihr schon bekannten Tönen entgegen. Neben ihr sitzt ihr Mann, der die Musik noch nicht gehört hat. Da ist sie ihm voraus. Wagner hebt die Arme und eine atemlose Stille tritt ein, bis er den ersten Ton aus dem Orchester hervorlockt. Sanft und getragen spielen die Bläser das Eingangsmotiv, die Streicher fallen ein, und Mathilde beginnt zu schwelgen, leicht bewegt sie ihren Körper hin und her, und dann beginnt er zu vibrieren, als die Streicher die Musik ins Wallen bringen. Majestätisch erheben sich die Töne der Bläser zu einem ersten Höhepunkt, Welle um Welle folgt, bis wieder Ebbe einkehrt und sie in ihrem Sessel versinkt. Sie hat, ohne dass sie es gemerkt hat, ihre Hand in die Ottos gelegt. Jetzt wartet sie auf den nächsten Moment, der sie erregen wird. Bald ist er da. Frohgemut tritt er ein. Sie weiß nicht, ist sie mehr Ohr für die Musik oder mehr Auge für Wagner, der am Pult sich zu der Musik hin und her bewegt, sich nun fast duckt, die Spannung dämpft, um das zarte Geigensolo und das der Klarinette hervorzulocken. Wann ist der nächste Höhepunkt erreicht, fragt sie sich, und da steigt die Spannung schon wieder an, sie krampft ihre Hand in Ottos Hand, weit und glücklich lässt die Musik sie schweben, bis es sie wieder hochreißt. Die Musik ist in ihren Körper eingefallen. Sie ist erregt, wie nie zuvor in ihrem Leben. Otto hat sie vergessen, ihre Hand ihm entrissen, sie in den Schoß gelegt. Die Apotheose kündigt sich an, Mathilde erhebt sich zu den letzten Akkorden, doch Otto zieht sie zurück. Sie sinkt in den Sessel. Keiner atmet mehr im Saal. Große Stille wie nach einem Sturm. Unendlich erschöpft fühlt sie sich, unendlich glücklich. Sie hört, man applaudiert nun. Sie kann die Hände nicht zueinander bringen. Sie lugt zum Pult. Da steht er. Verbeugt sich. Streicht sich übers Haar. Das würde sie nun auch gern tun, ihm über den Kopf streichen, ihm danken für den herrlichsten Augenblick in ihrem bisherigen Leben.

»Elektrisiert« sei sie vom Charme des Meisters gewesen, und die Musik habe sie mit Freude und Herzensglück erfüllt, wird sie über das Konzert an Eliza Wille in unvollkommenen Worten schreiben. Sie sagen nicht genug über das, was ihr geschehen ist. Musik ist Liebe, hat Richard Wagner geschrieben. Musik schafft Liebe, das hat Mathilde Wesendonck an diesem Abend des 16. März 1852 verspürt.

Wagner selbst schreibt vier Tage nach der Aufführung der »Tannhäuser«-Ouvertüre an Theodor Uhlig: »Sie hat all meine Erwartungen übertroffen ... Ich spreche nicht nur von dem Beifallstumult, den sie unmittelbar hervorrief, sondern namentlich von den Wirkungssymptomen, die mir allmählich erst zur Kenntnis kamen. Namentlich die Frauen sind um und um gewendet worden.« Und gerade diese Einwirkung seines Genies auf das Herz der Frauen ist sein Streben und sein Glück. »Die Ergriffenheit bei ihnen war so groß, dass Schluchzen und Weinen ihnen helfen musste.« Eine »ungeheure Wehmut« habe sich ihrer bemächtigt, und die Macht, die diese auslöste, war seine Musik, stellt er stolz fest. Erst nachdem sich diese Wehmut »in Tränen Luft machte, kam das Wohlgefühl der höchsten, überschwänglichsten Freude.« Er gibt sich gegenüber Uhlig erstaunt darüber, fügt dann aber an: »Gerade eine Frau löste mir aber das Rätsel« und diese Frau konnte nur Mathilde Wesendonck sein, denn er hatte auch über sie Macht gewonnen – und sie aber auch gerade darum über ihn. Des Rätsels Lösung: »Ich« und nicht seine Musik, sondern er als Mann – »bin den Leuten als niederschmetternder Bußprediger gegen die Sünde der Heuchelei erschienen.« In einem Nachsatz fügt er noch hinzu, plötzlich habe er selbst die sinnliche Wirkung seiner Musik auf Frauen erkannt. Vor allem an einer?

In Mathilde Wesendonck scheint Wagner das ewig Weibliche, das ihn hinanzieht und das er mit seiner Musik anzieht, gefunden zu haben, für den Augenblick und für eine lange Zukunft. Am Ende des Briefes an Uhlig kommt er noch einmal zurück auf das Weibliche, das ihn »mit süßen Täuschungen und warmen Schauern der Lebenslust« erfülle, und fügt an: »Ein feuchtglänzendes Frauenauge durchdringt mich oft wieder mit neuer Hoffnung«, und man mag glauben, Wagner dichte und komponiere nur für die Frauen, die er mit seinen Versen und seiner Musik gefangen nehmen will.

Und Otto? Mathildes Mann? Auch ihn hat Wagners Musik gefangen genommen, erschüttert bis ins Mark. Die »Tannhäuser«-Ouvertüre gehört zu haben, ist auch ihm ein singuläres, einschneidendes Erlebnis. Das Konzert wird zum Wendepunkt in seinem Leben. Und das an seinem Geburtstag, dem siebenunddreißigsten. Bisher hauptsächlich befasst mit seinen Geschäften, von der Dynamik der Ökonomie dieser frühkapitalistischen Aufbruchsjahre leidenschaftlich erfasst, sie mit antreibend, führt er seit seiner Ankunft in Zürich ein ruhigeres, fast beschauliches Leben, in das ein Blitz nun eingeschlagen ist. Ein Leben in Luxus. Ein Leben der Muße. Das elegante »Baur au Lac« mit dem Blick auf den See ist Heimstatt dieses Lebens in Hülle und Fülle. Kein ökonomischer Zwang treibt ihn mehr, den Reichtum, koste es was es wolle, weiter mehren zu müssen. Reich ist er ja schon, die Geschäfte in Deutschland, Amerika und nun auch der Handel von Zürich aus werfen genug ab, sodass er als Privatier leben kann, mit einer schönen, gebildeten Frau an seiner Seite, die ihn bald erneut zum Vater machen wird. Ursprünglich wollte die Familie nur eine bemessene Zeit in Zürich bleiben, doch eine Rückkehr nach Deutschland ist ausgeschlossen, schon weil er seinen »revolutionären« Bruder Hugo finanziell unterstützt und außer Landes gebracht hat. Das verzeiht man ihm nicht. Und Wesendonck hat Freunde in Zürich gefunden, die zumeist ebenfalls Deutschland den Rücken gekehrt haben. Man lädt sie ein, ins »Baur au Lac«, in die Suite, ins Restaurant, in die Salons. Nun auch Wagner.

Otto Wesendonck weiß jetzt, da er einmal seine Musik gehört hat, dieser Mann ist die Zukunft der Kunst, ihn muss man fördern, ihn muss man von den unseligen Brotarbeiten befreien, die sein Genie beschädigen könnten. Nur noch für seine Kunst soll er leben. Wesendonck beabsichtigt, einen Fonds zu gründen, aus dem Wagners Leben und Werk finanziert wird, und ist als erster bereit, in ihn bedeutende Summen einzubringen. In einem Brief berichtet er seinem Freund, dem Liederkomponisten Robert Franz, von der »Tannhäuser«-Ouvertüre und dem überwältigenden Eindruck, den die Musik auf ihn und alle Zuhörer ausgeübt hat, von dem liebenswerten und geistreichem Dirigenten und Komponisten. Und er preist Wagner als Dichter, denn er hat wie Mathilde die Textbücher zum »Tannhäuser«, »Lohengrin« und dem »Fliegenden Holländer« gelesen; »großartige Werke« nennt er diese Dichtungen, die eines Tages, wenn sie auch noch sämtlich in Musik gesetzt sein werden, eine große Bedeutung in der Welt der Künste erlangen würden.

Alles drängt Wagner nun, eine seiner Opern in Zürich aufzuführen, die Wesendoncks auch, vor allem Mathilde, was er auch in einem Brief Franz Liszt nach Weimar mitteilt, wenn er eine »sehr liebliche Frau«, erwähnt, die ihm deswegen keine Ruhe lasse. Doch er lässt sich gern bitten, vor allem von ihr, und gibt in einem Brief an seinen Freund, den Maler Ernst Benedikt Kietz, in den Faubourg St. Germain von Paris, vor: »Mein Sträuben hat nicht länger geholfen.« Doch wer soll das finanzielle Risiko der Aufführungen tragen? Es gilt, das Orchester noch weiter zu vergrößern, einen Chor zusammenzustellen, in dem sogar die gesanglich stimmbegabten Schauspieler des Theaters mitwirken müssen, Sänger zu engagieren, die es auch zu beherbergen und zu verpflegen gilt, ein Bühnenbild zu schaffen. Von Stolz erfüllt berichtet er Kietz: »Von allen Seiten wird das nötigste herbeigeschafft und so habe ich's endlich meinen Freunden nicht

Otto Wesendonck.
Lithographie von
Philipp Winterwerb, 1850

abschlagen können.« Auch der Direktor des Zürcher Akzientheaters entzieht sich dem Drängen des wohlhabenden Zürcher Bürgertums nicht, mietet ein Bühnenbild bei dem Hamburger Theatermaler Ludwig Caesmann, engagiert Musiker aus der Schweiz und Deutschland und einige Wagner schon bekannte Sänger, für deren Spesen dieser aber selbst aufkommen muss. Erstmals seit der Uraufführung der Oper vor neun Jahren in Dresden, wird er wieder den »Fliegenden Holländer« dirigieren. Zwei weitere Aufführungen außer Abonnement sollen innerhalb einer Woche folgen. Alle sind schnell ausverkauft, obwohl die Preise deutlich erhöht sind, der Platz in der so genannten Fremdloge, wo die Wohlhabenden der Stadt Platz genommen haben, fünf Franken kostet.

Sonntagabend kurz nach sieben Uhr an diesem 25. April 1852 tritt Richard Wagner ans Pult des Orchesters, gibt den Einsatz, und die Bläser setzen an zum Eingangsmotiv. Nach nur wenigen Takten rauscht ein Sturm in Musik gesetzt durch das Theater, um sich schnell wieder zu besänftigen, es ist der Sturm, der das Schiff des Holländers über das Meer treibt. Eine zarte sehnsuchtsvolle Melodie tritt an seine Stelle, behaglich lullt sie die Zuhörer ein. Doch bald greifen zuerst die Hörner das Motiv wieder auf, Paukenschläge kündigen erneut Sturm an, und Welle über Welle breitet sich über das Parkett und die Ränge aus. Signalhaft tönen die Bläser ein Drama an, bevor das Steuermannmotiv sich erstmals hören lässt. Mathilde und Otto kennen das Drama ja schon, sie haben Wagners Dichtung gelesen und finden alle ihre Motive in der Ouvertüre schon angekündigt, bevor sich der Vorhang endlich öffnet und ein Prospekt eine zerklüftete Felslandschaft an der norwegischen Küste zeigt, wo Dalands Schiff im Sturm gestrandet ist. »Kein Zweifel! Sieben Meilen fort/trieb uns der Sturm von sichrem Port/So nah dem Ziel nach langer Fahrt,/War mir der Streich noch aufgespart!«

Doch welcher Streich nun wissen nur jene, die Wagners Dichtung schon gelesen haben. Im nächsten Bild tritt der Holländer ans Land. Auch sein Schiff musste ankern, wie alle sieben Jahre, seitdem er einen Treuebruch begangen. »Die Frist ist um und abermals verstrichen sind sieben Jahr.« Heil sucht er immer an Land, denn nur dort könnte er Erlösung erwarten, und nur in den Armen einer Frau, die sich ihm bis zu seinem Tod verbände. Doch da er diese nie gefunden: »Ewig ist meine Qual«, folgert er. Das Drama ist gesetzt.

Gut zweieinhalb Stunden hält die Dichtung in Bann, berauscht die Musik das gierend lauschende Publikum, Mathilde und Otto auch, bis im letzten Auftritt des dritten Akts, in dem »alles Leidenschaft, Schmerz und Verzweiflung« ist, wie Wagner selbst zu dieser Zürcher Aufführung geschrieben hat. Senta, die Tochter Dalands, hat ihm schließlich ewige Treue geschworen, der Holländer ist gerettet, sein Fluchschiff kann in den Fluten des Meeres versinken, und er mit ihr umschlungen himmelan schweben.

Der Erfolg beim Publikum dieser »romantischen Oper«, wie Wagner sie genannt ist, ist gewaltig an diesen Zürcher Frühlingsabenden, und so kann er an seinen Freund Uhlig schreiben: »Ich gebe auch gern zu, dass der Eindruck auf mein Publikum ein sehr ungewohnter, tiefer und ernster war. Die Frauen waren natürlich wieder voran: Sie haben mich nach der dritten Vorstellung bekränzt und mit Blumen überschüttet.« In einem Brief an Franz Liszt fügt er gar hinzu: »Bei allen Frauen habe ich einen gewaltigen Stein im Brette gewonnen.«

Die Presse urteilt indes zwiespältig, ja es folgt eine heftige öffentliche Auseinandersetzung um den »Fliegenden Holländer«. Von der »verfolgungssüchtigen Grausamkeit unserer öffentlichen Kunstkritik« und ihrer »wahrhaft kunstmörderischen Tätigkeit« hatte Wagner schon aufgrund vorangegangener Anfeindungen in der »Mitteilung an meine Freunde« wenige Monate vor diesen Aufführungen geschrieben und auch gerade deswegen in dieser Schrift die Gefolgschaft des Publikums eingeklagt. Die Freunde folgen ihm nun entschlossener denn je, denn ihre Begeisterung für seine Dicht- und Tonkunst widerspricht dem teilweise vernichtenden Urteil der Kritik, das sie nun lesen müssen, und so festigt sich das Band, das die Wagner-Gemeinde mit Wagner verbindet.

Gar ein Spottgedicht war im Tagblatt der Stadt Zürich zum »Fliegenden Holländer« zu lesen: »Wer beschriebe allhier der Dichtung hehre Spur:/Die Niederlage echter Liebe und den Triumph der Unnatur?« und sarkastisch endet es: »Kurzum, das Ding ist – mehr als schön!/Dem Wassertod folgt die Verklärung,/Geichwie die Melodie dem Text.../Was Wunder, dass die Kunstbescherung/Ein hohes Publikum behext!«

Wagner pariert dem »Aargauer« ebenfalls anonym als »ein Zürcher« auch mit einem Gedicht, jedoch humorlos und ganz im Ernst, nennt den Gedichtschreiber einen Literaten und nicht Dichter, denn das ist allein er: »Nicht Mensch noch Künstler ist, den ich so nenne/Den ich als traurig Neutrum einzig kenne/: Was nicht als Mensch er eigen frei empfand/Als Künstler nicht schafft nach es sein Verstand;/Was er aus Schriften lernte von Doktrinen,/Muss als Bedarf für Mensch und Kunst ihm dienen.« Und noch einmal preist Wagner das Heil durch die Frau, das der Holländer erfahren hat. »Er sucht das Weib, dess' tiefstes Mitgefühl/Erlösung brächt' aus nächtlichem Gewühl.«

Wagner fällt nach den Proben und Aufführungen in einen Zustand großer Erschöpfung. »Die Anstrengung, welche mich dieser Ausflug in die mir ganz entwohnt gewordenen Regionen des Opernprobierens usw. kostete, trug nicht wenig zur Steigerung meines überreizten Gesundheitszustandes bei«, wird Wagner in seinen Lebenserinnerungen notieren. Doch da sind ja nun Menschen, die ihn auffangen, die Frauen, die Männer von Zürich, und da besonders Otto Wesendonck, sodass Wagner »auf das äußerste gepeinigt«, dem Rat seines Gönners folgt und sich trotz seiner Ressentiments gegenüber den Medizinern in die Behandlung eines Arztes begibt. Und da ist noch Mathilde, deren tiefstes Mitgefühl er sich nun gewiss sein kann. Wird sie ihm, wie Senta dem Holländer, auch Heil und Erlösung von allem Übel bringen können?

Erst einmal schicken die Wesendoncks Wagner am 12. Mai zur Erholung nach Fluntern auf den Zürich-Berg in die »Pension Rinderknecht«, eine gute halbe Stunde nur von den Toren der Stadt entfernt. Er tritt diesen Kuraufenthalt zusammen mit seiner Frau Minna an, obwohl sie ihm in den letzten Wochen, wie er gegenüber Uhlig behauptet, mit »furchtbarem Gezänk und Ärger« zugesetzt hat – aus Eifersucht auf die anderen ihn umgarnenden Frauen, und da besonders auf die eine?

In Fluntern unterzieht sich Richard Wagner einer Wasserkur. Dort dichtet er. Endlich wieder, wie er erleichtert konstatiert: die »Walküre«. Seine Notizen und das Schema zum Drama setzt er in Szenen und Verse um und lässt sich dabei weder durch seine Frau noch durch den häufigen Besuch von Freunden stören, die aus dem nahen Zürich zu Besuch kommen. Gar aus Dresden sind der Konzertmeister Otto Kummer und seine Frau Julie angereist – »Julie scheint mich sehr lieb gewonnen zu haben – jedenfalls folgt sie mir aufs Wort«, meldet er Uhlig, und das ist das Beste, was ein Mensch in seiner Entourage tun kann. Cäcilie Avenarius, Wagners Halbschwester, trifft ebenfalls ein. Plötzlich sind auch die Wesendoncks zugegen und mieten sich für einige Tage in Fluntern ein.

Minna bewirtet die Gäste reichlich, umsorgt sie. Man sitzt, soweit es das zumeist regnerische Wetter erlaubt, im Garten, trinkt, isst und redet miteinander, wobei zumeist der Dichter das Wort führt und gerade gedichtete Szenen aus der »Walküre« vorträgt. Mathilde hängt an Wagners Lippen, ist begeistert, dem Akt der Dichtung beizuwohnen, jedoch unter den eifersüchtigen Augen Minnas.

Schon in den ersten beiden Wochen nach den Holländeraufführungen gab es ein reges Va-et-Vient zwischen Wagners Wohnung in den vorderen Escherhäusern am Zeltweg Nummer 11 und dem Hotel »Baur au Lac«. Die Wesendoncks kamen zu Besuch, und Wagner suchte das Ehepaar in den Salons des Seehotels auf. Häufig kam er nun allein, um der Angebeteten Auge in Auge gegenüber sitzen zu können, ungestört und unbeobachtet von seiner Ehefrau.

EIN WEISSES BLATT

In den ersten Maiwochen des Jahres 1852 hatte sich Richard Wagner in Mathilde Wesendonck immer prägender eingeschrieben. Er erzählte ihr von der Dichtkunst und der Musik, legte ihr mit beschwörenden Worten seine Auffassung vom Gesamtkunstwerk dar, zu dem er das musikalische Drama entwickeln wollte, sprach vom »Kunstwerk der Zukunft« und von sich als dem Künstler der Zukunft, wie er es schon in der gleichnamigen Schrift niedergelegt hat. Ein »unbeschriebenes weißes Blatt« habe er sie genannt, und sie fühlte sich da auch so, wird Mathilde Wesendonck sich später erinnern. Sie glaubte sich bis dahin sowohl musikalisch als auch literarisch gebildet, was sie ohne Zweifel ja auch war. Doch nun musste sie erfahren, wie schal und nichtig ihr bis dahin erworbenes Bildungsgut war. Es taten sich ihr völlig neue Horizonte auf, denn was Wagner ihr erzählte, ihr vorlas und auf dem Piano vorspielte, war so unerhört neu, dass sie in einen Zustand von Betäubung und Rausch geriet. Er verzauberte sie. Diese Unerhörtheit des bis dahin Ungehörten erkannte sie sofort, wie es selbst ihr Mann erkannte. Zudem heftete Wagner unablässig seine wasserblauen Augen auf sie. Sie konnte ihnen kaum entkommen. Sie war betört. Der Blick auf und ineinander ist zwischen ihnen geboren, der lange tiefe Blick, in dem sich Liebe bildet. Er wird sowohl in der »Walküre« als auch in »Tristan und Isolde« zum dramaturgischen Moment, zum Auslöser der Erkenntnis im biblischen Sinne, zum Stifter der Liebe, und ist es im Leben der Mathilde Wesendonck nun auch. Seine Flamme hat ihr inneres Feuer entzündet. Es wird nie mehr völlig erlöschen.

Und Wagner? Er fühlt sich aufgefangen von einer Frau, die sich ihm zuwendet, sich ihm hingibt. Sie wird ihn retten. Als Mensch und als Künstler. Zur Muse wird sie ihm werden, dichten wird er wieder und in Töne setzen können, was er gedichtet hat.

»Ich bin wieder mehr wie je ergriffen von der umfassenden Großartigkeit und Schönheit meines Stoffes: meine ganze Weltanschauung hat in ihm ihren vollendetsten künstlerischen Ausdruck gewonnen«, kann Wagner am 31. Mai aus Fluntern berichten. Die letzten Wochen haben ihn wieder zur Dichtkunst befreit. Ende Juni ist die Dichtung der »Walküre« beendet. »Meine Walküre fällt furchtbar schön aus«, meldet er Liszt, und Uhlig gesteht er: »Wenn ich etwas fertig habe wie die Walküre, so ist es mir immer, als hätte ich eine ungeheure Angst aus dem Leibe geschwitzt.«

Die angestrengte und anstrengende Arbeit an der Dichtung während der Wasserkur hat an Wagner gezehrt und seine Gesundheit nicht gebessert, sodass er sich nach der Rückkehr in die Stadt sogleich zu einer Wanderung in die klare Luft der Alpen aufmacht, die ihm immer physische und mentale Besserung verschafft. Den Wesendoncks hat er von seinem plötzlichen Aufbruch nicht Bescheid gegeben. Es ist indes eine Reise, die von den Gönnern finanziert wird. Sie soll seinen Kopf befreien, denn: »Meine Gehirnnerven sind grässlich angegriffen. Aufregung und Ermattung«, als Folge des Dichtens der letzten Wochen, was er selbstherrlich jedoch anders deutet: »Der eigentliche Grund meines Leidens liegt in meiner außerordentlichen Stellung zur Welt.«

Anders denn als Außerordentlicher kann Wagner sich selbst nicht denken. Einzigartig will er sein in der Welt, ist er, und fordert, dass sich alle deshalb um ihn scharen, zu ihm aufschauen, obwohl er ja kleingewachsen ist, alle seine Freunde, gar seine Jünger werden. Und da besonders die Frauen. Warum aber leiden? Es ist die allgegenwärtige Angst, trotz seines Ausnahmewesens nicht geliebt zu werden, die ihn leiden lässt, wenn er nicht unablässig Zuspruch und Bewunderung erhält. Er allein will den Zuspruch und ihn mit niemand anderem teilen. Und so inszeniert er sich wie zuvor und nach ihm viele Genies zugleich als Zerrissener, als Leidender, damit er allzeit klagen kann und dann aufgefangen wird. Zugleich ist dieses Mal de vivre Quell seiner Kunst. Eine solche Frau, die ihn ungeteilt bewundert, hat er nun in Mathilde Wesendonck gefunden. Und ihr Mann Otto? Auch der bewundert ihn, aber es ist nicht allein dieser Zuspruch, den Wagner bei ihm sucht, sondern zuvörderst sein Geld.

»Allerwertester Herr Otto!«, schreibt Wagner, nachdem er das Berner Oberland durchwandert, die Alpen überquert, den Süden erreicht hat, »ich müsste wirklich der undankbarste Mensch von der Welt sein, wenn ich jetzt nicht ihrer gedächte! Hier sitze ich am Lago Maggiore und rauche die erste von Ihren Göttercigarren auf meiner Reise.« Er genieße die Welt, doch sogleich schließt er an: »Ich bin sehr allein: und das wird mir zu Last«, fleht: »Kämen Sie doch auch«, und fragt schließlich, da er sie vermisst: »Wie geht's Donna Mathilda«, versucht einen Scherz anzufügen: »Wenn ich zurückkomme, dann will ich ihr lernen, Opern zu schreiben à la Wagner.«

Die Wesendoncks kamen nicht nach, auch der Dichter und Freund Georg Herwegh hatte in Zürich bleiben müssen, sodass Wagner, um die Einsamkeit nicht weiter erleiden zu müssen, schließlich seine Frau Minna zu sich rief und mit ihr vom Tessin hinüber nach Genf weiterreiste. Am 6. August war er wieder in Zürich eingetroffen, schrieb in einem Brief an Julie Ritter, sich erneut gegenüber einer Frau als Leidender und Verlorener darstellend: »Die Reise hat mir nun vollends über mich ganz die Augen geöffnet, und ihre Wirkung auf mich hat mir meine letzten Täuschungen benommen … Ich kann mir aber das Geständnis nicht mehr vorenthalten, dass es für mich kein Glück im Leben mehr gibt.« Dramatisierend fügte er an: »Ich weiß nun, dass ich keine Hoffnung mehr habe … Über Genf fuhr ich zurück … wahrlich ich empfand keinen Schmerz mehr, sondern nur Verwunderung darüber, dass ich noch leben müsste.« Aber schließlich sei er Künstler, und als solcher müsse er weiterleben, habe eine Aufgabe zu erfüllen, ja ein Vermächtnis der Welt gegenüber einzulösen: »Da ich nun einmal Künstler bin, so will ich denn auch mein künstliches Leben fortführen, so lange es geht. Natürlich kann ich mich nur noch durch meine Kunst aufrecht erhalten und über die Welkheit meines Lebens mich täuschen.«

Wie aber geht dieses »künstliche Leben« weiter, da er nun wieder in Zürich zurück ist? Das Jahr 1852 war bis dahin ein entscheidendes Jahr für Wagner, aus doppeltem Grund. Endlich hatte er begonnen, den Stoff der Nibelungen nicht nur als Entwurf oder in Prosa zu skizzieren, sondern mit der »Walküre« in Dichtung zu setzen: Zum anderen hatte er in Mathilde Wesendonck eine Frau gefunden, die er lieben kann und die eine Stütze zu sein verspricht, trotz seiner Ehefrau Minna und auch gegen sie. Minna zeigte für die Vision eines total neuen Musikdramas, das ihr Ehemann schaffen will, nämlich keinerlei Verständnis, forderte eher von ihm, eine populäre Oper à la »Rienzi« zu komponieren, auch mit Blick auf die immer karg gefüllte Haushaltskasse im Hause Wagner. Die Liebe zu Mathilde Wesendonck vertiefte sich trotz ihres Ehemanns oder auch wegen ihm weiter, denn der versprach, da er von Wagners Sendung überzeugt war, ein finanziell sorgenfreieres Leben und ließ zudem ein gütiges Auge über die Zuneigung seiner Frau zu dem Komponisten niedersinken. Während er Huld bei ihr und Geld bei ihm suchte, kam es da im Laufe der Monate zu einer Dreieinigkeit, in der sie sich auch mit Wagner gegen ihren Mann wehrte? Sich einen Freiraum für die Liebe zur Kunst und den dazu gehörigen Künstler verschaffte?

Vor allem aber scheint Mathilde Wesendonck Wagner wieder befreit zu haben zur Kunst, zur Dichtung mit der Ahnung, bald werde er sein Wortdrama auch in Musik setzen können. Seit dem »Lohengrin« hat Wagner nichts mehr komponiert, und das ist nun schon fast drei Jahre her. In der zweiten Hälfte des Jahres mehren sich zudem die, wie er selbst mitteilt, »unerwarteten und von mir selbst nicht veranlassten« Anfragen deutscher Theater nach Aufführungen seiner Opern, besonders des »Tannhäuser«, was Wagner auch wieder Geld einbringen würde, wobei er gelegentlich wie an die Berliner Oper so horrende Forderungen stellt, dass sie nicht zu erfüllen sind. Zugleich hatten ihm aber auch die Aufführungen des »Holländers« in Zürich gezeigt, dass seine früheren Opern nicht dem eigenen Anspruch an das Musikdrama, wie er es visioniert, gerecht werden, es sei denn, man folge in vollem Umfang seinen Anweisungen zur szenischen und musikalischen Gestaltung. Um Einfluss zu nehmen auf die Art und Weise der

»Tannhäuser«-Inszenierungen, die in Berlin, Düsseldorf, Frankfurt, Breslau, Hannover, Leipzig, Königsberg, Danzig, Stettin, Riga, Prag und anderswo geplant sind, verfasst Wagner im August des Jahres eine Schrift: »Über die Aufführung des Tannhäuser. Eine Mitteilung an die Dirigenten und Darsteller dieser Oper, vom Dichter und Tonsetzer derselben«, die Wagner in einer Auflage von 200 Exemplaren als Privatdruck in Zürich herausgibt, »da ich mich unmöglich an alle Dirigenten und Darsteller des Tannhäuser in spe wenden kann«, wie er Uhlig mitteilt. Fragmente der Mitteilung erscheinen sodann auch in der »Neuen Zeitschrift für Musik«, was dazu führt, dass er als Komponist in Deutschland zunehmend ins Gespräch kommt. Wagner war, ist und wird der beste Werber für Wagners Werk sein.

In der Schrift fordert er für die Aufführung seiner Oper schon in den Proben eine enge Zusammenarbeit zwischen dem Dirigenten, dem Regisseur und den Darstellern, denn bisher gebe es eine »innere Zusammenhangslosigkeit und dramatische Unwirksamkeit unserer Opernvorstellungen«, sodass seine Werke bis zur »vollsten Unkenntlichkeit verstümmelt würden.« Der Dirigent soll die Partitur »zuerst nicht anders lesen als mit der genausten Beachtung der Dichtung«, versteht sich Wagner doch zuallererst als Dichter, was den Dirigenten der Zeit nicht verständlich ist. Die Sänger hingegen sollten, da sie »zuerst Darsteller (Schauspieler) zu sein haben«, die Dichtung vorab im Kreis von Regisseur, Dirigent und Chorsängern wie beim Schauspiel üblich laut miteinander lesen. Unabdingbare Forderung eines modernen Musiktheaters. Und er weist noch einmal darauf hin, was sein Opernkonzept von der bisherigen Opernfaktur so grundlegend unterscheidet: »In meiner Oper besteht kein Unterschied zwischen sogenannten ›deklamierten‹ und ›gesungenen‹ Phrasen, sondern meine Deklamation ist zugleich Gesang und mein Gesang Deklamation.« Das bei den Sängern bis dahin bekannte und so beliebte Wechselspiel von Rezitativ und Arie ist aufgehoben.

Diese Vision eines neuen Musiktheaters hat Richard Wagner in den vergangenen Monaten des Jahres schon ausführlich und mit vielen Worten Mathilde Wesendonck vermittelt und so das unbeschriebene Blatt, das er sie nennt, beschrieben. Keine andere Handschrift

soll da zu lesen sein. Er allein bedingt sich das Recht aus, sie in die
Welt der Musik der Zukunft zu führen.

WAGNER, DER DICHTER

Obwohl er in Briefen und Gesprächen immer wieder seine Nervenkrankheit benennt, wird er in den letzten Monaten des Jahres 1852 in einem wahren Rausch der Dichtung – und möglicherweise gerade aufgrund dieser Krankheit – die Ringdichtung am 15. Dezember mit »Siegfrieds Tod« beenden. Drei Tage später liest er den gesamten »Ring des Nibelungen« vor, achtundvierzig Stunden lang im Haus »Mariafeld«, bei François und Eliza Wille. Nach zweistündigem Fußmarsch von Zürich her kaum dort angekommen, beginnt er gegen Abend mit dem »Rheingold«. »Auf dem Grunde des Rheins, grünliche Dämmerung, nach oben zu lichter, nach unten zu dunkler.« Im blauen Salon des Hauses Wille, um einen großen Tisch herum, sitzen die Zuhörer, in ihrer Mitte Wagner, der nach dem Szenenbild die Rheintochter Woglinde zu Wort kommen lässt: »Weia! Waga!/Woge Du Welle!/Walle zur Wiege!/Wagalaweia/Wallala weiala weia«, deklamiert er schon halb singend. Anwesend sind Eliza Wille, ihr Mann, ihre Schwester Henriette von Bissing und Georg Herwegh, Wagners enger Freund. Mathilde fehlt, ihr Mann Otto auch. Kurz vor Mitternacht beginnt Wagner noch mit der Lesung der »Walküre«, lässt am nächsten Morgen nach dem Frühstück »Siegfried« und gegen Abend »Siegfrieds Tod«, der später den Titel »Götterdämmerung« tragen wird, folgen. Erschöpfung allerseits. Wagner schlaflos in der kommenden Nacht, am frühen Morgen schon bricht er auf, »dass niemand meinen eiligen Abschied begriff.« Herwegh begleitet ihn zurück nach Zürich. »Nur er schien meine Stimmung zu empfinden und teilte sie durch gleiches Schweigen.«

Einzelne Passagen der Ringdichtung hatte er zuvor schon, kaum hatte er sie gedichtet, Freunden vorgelesen, vor allem Herwegh und Jakob Sulzer, aber auch Mathilde Wesendonck, wobei Wagner stets erwähnte, dass die zuhörenden Frauen seine Verse mit größerer Begeisterung aufgenommen hätten, »namentlich die Frauen«, sagte und schrieb er, während Sulzer seine Dichtung häufig kritisierte, was ihm überhaupt nicht gefiel, denn selbst wohlwollender Kritik verschloss Wagner sich zumeist. Die in wenigen Wochen geschaffene Dichtung, die in einem schöpferischen Rausch entstand, soll schnell in die Öffentlichkeit und auf den Markt kommen, sodass Wagner schon Anfang Februar das Werk in einem Privatdruck bei E. Kiesling in Zürich herausgibt, »heimlich«, wie er Franz Liszt anvertraut, damit niemand ihm zuvor noch in die Dichtung dreinrede. »Sie werden sich sicher über die Verschwendung wundern, mit der ich mit der Vervielfältigung besorgt war«, schreibt er an die »teuerste Freundin« Julie Ritter, fügt aber an: »Sie selbst aber setzten mich in den Stand, meinem Wunsche dieses Opfer bringen zu können«, erhielt er doch von ihr seit Herbst 1850 eine Zuwendung von 800 Talern jährlich. Drei der Exemplare ließ Wagner mit einem Prachteinband versehen, eines ging an Liszt, ein weiteres an die Weimarer Großherzogin Maria Paulowna, die er als Mäzenin der Künste weiß, zu ihrem 67. Geburtstag. Er fügte noch eine an Liszt adressierte, die Großherzogin betreffende Bemerkung an, denn noch nie sei »dem Weibe eine solche Verherrlichung widerfahren, wie jeder, der sie versteht, in meiner Dichtung sie finden werde.« Das dritte Exemplar schickte er daher auch einer anderen einflussreichen Frau, der Prinzessin Augusta von Preußen, deren Mäzenatentum er zu gewinnen hoffte. Die übrigen Exemplare, die keinen Prachteinband erhielten, gingen an Mittler seines Werks, so an den Freiherrn von Ziegesar, Hans von Bülow und Adolf Stahr, denn der hatte ihn, was Wagner so ungemein wichtig war, als Dichter beachtet.

Wie er im Vorwort zu diesem Druck schrieb, wollte er diese Mittler seines Werks zu »Mitwissern eines Vorhabens machen«, das ja erst, wenn er die Verse in Musik gesetzt habe, manifest werde und dann günstiger Umstände bedürfe, damit sein »hier mitgeteiltes Dichtwerk musikalisch aufgeführt und szenisch dargestellt« werden könne. Indem er mit den fünfzig Exemplaren ausgesuchte Personen des öffentlichen Lebens, Machthalter, Mäzene, Musiker und Theaterintendanten zu heimlichen »Mitwissern« machte, betrieb Wagner zum einen Eigenwerbung und erregte zudem durch die gespielte Heimlichkeit um so größere Neugier. Doch mit all dem an Promotion für die eigene Person nicht genug. Wagner beabsichtigte, die Dichtung des »Ring« sogleich einem größeren, doch von ihm ausgesuchten Kreis vorzutragen. Und das ermöglichte sein vermögendster Gönner. Otto Wesendonck.

WAGNERFESTSPIELE

Seit seiner Ankunft in Zürich logierte das Ehepaar Wesendonck im Hotel von Johannes Baur, das dieser 1844 hatte erbauen lassen und dessen Garten bis zum See reichte. Das luxuriöse, elegante und hochmoderne »Baur au Lac« wurde schnell zum Treffpunkt der Zürcher Haute Société. Ende Januar 1853 mietete Otto Wesendonck dort einen Salon für vier Abende des Folgemonats.

Am 12. Februar schickt Richard Wagner ihm ein gedrucktes Billet: »Zu einer Vorlesung meiner kürzlich vollendeten dramatischen Dichtung ›Der Ring des Nibelungen‹, deren einzelne Teile ich an vier aufeinander folgenden Abenden jeweils um 6 Uhr im unteren Saale des Dependance-Gebäudes des Hôtel de Baur vorzutragen gedenke, lade ich Sie« – dann handschriftlich eingefügt ›und Frau Mathilde‹, »hierdurch freundschaftlichst ein.« Zugleich bittet er darum, »den Herrn und die Dame unter Voraussetzung näherer Teilnahme für den Gegenstand, auch mir zu(zu)führen«, wünscht also, seine Gemeinde solle noch weiter anwachsen, schreibt er doch ausdrücklich, man solle ihm neue Bewunderer zuführen.

Am 15. Februar dirigiert Wagner im Casino nochmals eine Beethoven-Sinfonie, die Siebte, am Abend darauf beginnt er mit der Lesung seiner Dichtung, mit »Rheingold«. Es folgen an den nächsten Tagen die drei weiteren Teile des »Ring«. Schnell spricht es sich herum in Zürich, es ist das Ereignis, und Abend für Abend wächst der Kreis der ihm Lauschenden an.

»Die Wirkung schien eine durchaus günstige zu sein«, wird Wagner später resümieren, »es waren die ernsthaftesten Männer der Universität und der Regierung, von welchen ich die anerkennendsten Beteuerungen, ja selbst gute Äußerungen über das Verständnis mei-

Das Grandhotel »Baur au Lac« in Zürich

nes Gedichts und der damit verbundenen künstlerischen Intentionen gewann.« Von den zuhörenden Frauen spricht Wagner diesmal erstaunlicherweise nicht. Warum nicht? In der Diktion ein wenig umständlich, fährt er fort: »Aus dem eigentümlichen, hier aber zuversichtlich stimmenden trockenen Ernste, mit welchem man sich zu erkennen gab, wurde mir sogar der Gedanke angeregt, zu versuchen, wie weit diese mir so günstige Disposition im Dienste meiner höheren Kunsttendenzen zu verwerten sei.«

Der »trockene Ernst« ist Männerart, die leidenschaftlich emphatische und empathische Begeisterung Frauensache. Der Ernst der Sachlichkeit, der »Verwertung« jedoch kann weitere Vorhaben befördern und finanzieren. So wie jetzt, da Otto Wesendonck auf seine eigenen Kosten den Salon des »Baur au Lac« für Wagner gemietet hat. Die Männer des »trockenen Ernstes« schlagen Wagner sowohl ein Wagnertheater als auch eine Art Wagnerfestspiele vor. Und so holt der gefragte Mann eine schon verfasste Schrift wieder hervor, das ein Modell für

»Ein Theater in Zürich« propagiert, das die Männer mit Ernst indes schließlich ablehnen werden, weil es zwar schön, aber nicht realistisch, unausführbar sei, also im schweizerischen Sinn unrentabel ist.

Wagnerfestspiele wird es hingegen geben. Schon wenige Tage nach seiner Vorlesung der Ringdichtung legt Wagner der Konzertkommission der Allgemeinen Musikgesellschaft am 22. Februar ein Projekt für drei Konzerte mit eigenen Werken vor. Da es unmöglich sei, am Theater der Stadt außer dem schon gezeigten »Holländer« seine Opern zur Aufführung zu bringen, habe er eine Auswahl solcher Musikstücke getroffen, »die des dramatischen Vortrags am leichtesten entbehren können«, verlangt aber eine Aufführung in größter Vollendung, was bedeute, dass man auswärtige Musiker zu engagieren habe und der Saal zu einem klangvollen Orchesterraum umzubilden sei. Die Kosten für die Aufführungen hat er gleich berechnen lassen, 6000 Franken. Das ist viel, aber er weiß ja nun Mäzene, ihm wohlwollende Männer, hinter sich. Am 31. März wird das Projekt besprochen und von der Musikgesellschaft angenommen. Zugleich erhält Wagner von ihr für seine Verdienste um das Musikleben der Stadt ein Kaffeeservice im Wert von 273 Franken, was ihn weniger wegen des Service erfreut, seine Frau Minna aber gerade deswegen.

Wenige Tage später veröffentlicht Wagner einen Subskriptionsaufruf für die Konzerte, die Mitte Mai stattfinden sollen. Anteilscheine zu 50 Franken werden angeboten, und wiederum einige Tage später übernehmen zwei wohlhabende Männer der Zürcher Geschäftswelt eine Defizitgarantie, nämlich Konrad Ott-Imhof, früherer Klarinettist im Zürcher Orchester, nunmehr Direktor der ersten in Gründung begriffenen Schweizer Bahnlinie, und Otto Wesendonck, der zudem eine bedeutende Anzahl von Anteilscheinen erwirbt.

Wagner ruft Orchestermusiker aus ganz Deutschland und der Schweiz nach Zürich, und sie kommen u. a. aus Mainz, Wiesbaden, Frankfurt und Stuttgart, bleiben eine ganze Woche an der Limmat, um an den dreitägigen Proben und den drei Aufführungen vom 18. bis 22. Mai mitzuwirken. Orchesterpartien aus »Rienzi«, dem »Fliegenden Holländer«, dem »Tannhäuser« und dem »Lohengrin« stehen auf dem Programm, sowie die Ballade der Senta aus dem »Holländer«. Wagner selbst ist neugierig darauf, wie der »Lohengrin« klingt, hat er diese eigene Musik doch bis dahin nie mit vollem Orchester hören können.

Wenige Tage zuvor hat er im »Casino« aus seinen Dichtungen dieser vier Opern vorgelesen, damit das Publikum die »dichterischen Grundlagen«, so er selbst, kennen lernen und damit auch der Musik verständiger folgen kann.

Wagner selbst ist tief ergriffen, als er schließlich seine eigene Musik, vor allem die des »Lohengrin« hört, das Publikum ist begeistert und folgt ihr mit wachsendem Fieber, sodass viele der Zuhörer an den folgenden zwei Abenden, obwohl dasselbe Programm gegeben wird, noch einmal zugegen sind. Über das letzte Konzert ist am Tag darauf in der »Eidgenössischen Zeitung« zu lesen: »Der gestrige letzte Festtag setzte den frühern die Krone auf. Mit der wiederholten Anhörung der Tonwerke wuchs ihr Verständnis und mit ihm der Enthusiasmus für dieselben«, berichtet Bernard Spyri, und weiter: »Neben dem frischen und kecken Matrosenlied aus dem ›Holländer‹ machte wiederum die Musik zu ›Lohengrin‹ ... den gewaltigsten und nachhaltigsten Eindruck. Als die letzten schmetternden Töne des Hochzeitsfests verklangen, flogen Bouquets und Kränze von allen Seiten, das ganze Haus jubelte, die Musiker fielen ein mit ihrem Tusch ... Die schönste der Frauen reichte ihm den Lorbeerkranz, den der bescheidene Meister sich nicht auf die Stirn drücken ließ.«

Die schönste der Frauen? Die Wesendoncks hatten Diener engagiert, die von Loge zu Loge gingen und Blumensträuße und Lorbeerkränze verteilten. Die lagen nun zu Füßen Wagners auf dem Bühnenboden. Und die schönste der Frauen, Mathilde Wesendonck, suchte mit einem der Kränze, Wagner als Dichter und Musikerfürsten zu krönen. Ein Huldigungsgedicht auf ihn, der an dem Tag auch seinen 40. Geburtstag feierte, wurde von dem Sänger Wilhelm Niedermann-Studer vorgetragen, und viele glaubten, auch dieses sei von ihr, doch es stammte aus der Feder von Johanna Spyri, der jungen Frau jenes Bernhard Spyri, der noch in der Nacht die Lobeshymne für die »Eidgenössische Zeitung« verfassen sollte.

»Einer schönen Frau legte ich das ganze Fest zu Füßen«, schreibt Wagner einige Tage später an Franz Liszt. Ihren Namen nennt er nicht. Es ist, Liszt weiß es, Mathilde Wesendonck. Und Wagner komponiert in der Woche nach dem Konzert, zum ersten Mal seit langem. Eine Polka. Für Mathilde. Die Musik hat ihn wieder und eine Frau ihn, und er eine Frau. Es folgt eine weitere Petitesse für Klavier, der »Zürcher Vielliebchenwalzer« und Mitte Juni dann »Die Sonate für das Album von Frau Mathilde Wesendonck«. Sie ist für Richard Wagner die Muse par excellence, das war seine Frau Minna nicht. Mathilde hat ihn wachgeküsst, er kann wieder komponieren und komponiert zuerst nur für sie.

DIE FRAGE DER NORNEN

Da Wagners Muse aber mit ihrem Mann zur Kur nach Bad Ems gefahren ist, schickt er die Noten dorthin nach, adressiert den Brief indes nicht an sie, sondern an ihn, spricht ihn auch an, da es ja zugleich auch um geborgtes und mäzenatisches Geld geht: »Um mein neues Schuldverhältnis zu Ihnen würdig und vertrauenserweckend anzutreten, zahle ich heute eine alte Schuld: geben Sie Ihrer Frau die beiliegende Sonate, meine erste Komposition seit der Vollendung des ›Lohengrin‹ (es ist sechs Jahre her!).«

»Seit einigen Tagen besitze ich nun wieder ein Klavier«, schreibt Mathilde Wesendonck an Minna Wagner, »und spiele mit steigendem Entzücken das herrliche Werk … Wohl fühle ich, daß ich nur den leisesten Schatten davon wiederzugeben im Stande bin, allein selbst dieser macht mir unendliche Freude. Ob ich wohl das ›Wisst Ihr, wie das wird?‹ vollständig ergründen werde?«, fragt sie Wagners Ehefrau entweder wirklich unwissend oder provozierend. Als Mathilde nämlich die Noten der Sonate aufgeschlagen hat, liest sie in seiner Handschrift das vorangesetzte fragende Motto: »Wisst Ihr, wie das wird?« Und wird sich dasselbe verwundert ebenfalls gefragt haben und, was es wohl bedeuten könne. Betont sie das Du, so klingt es anders, als wenn sie es nicht betont, und fühlt eine Herausforderung in der Frage.

Es hatte in den letzten Wochen zwischen ihr und Wagner trotz der gegenseitigen Zuneigung einige scharfe Worte gegeben, worauf er sich entschuldigend brieflich erklärt hat und um gütige Nachsicht bittet: »Gott wird Sie ferner vor meinen boshaften Unarten bewahren«, werde er doch selbst seiner »bösen Laune«, die ihn ja auch selbst quäle, nicht Herr. Als er ihr den »Vielliebchenwalzer« sandte, schrieb er dazu: »Hier Geschmolzenes für das Gefrorene von gestern.« Wenige Tage danach lädt er Mathilde in seine neue Wohnung, die größer ist als die vorige, ein, wo natürlich seine Frau Minna zugegen ist: »Im günstigsten Fall«, dass sie die Einladung annähme, »würde ich Ihnen dann vorschlagen, ein paar Stunden bis 10 Uhr recht ruhig bei uns zu verbringen: Ich würde niemand weiter einladen, um diesen heiligen Abend durch nichts zu verkümmern.«

Als Otto Wesendonck in Bad Ems jenen Brief mit der Beilage der Sonate weiterliest, findet er darin eine Bitte Wagners um einen Vorschuss auf zukünftige Einnahmen, die er von der Berliner Oper als Tantiemen erhalten werde. Wagner fügt aber hinzu: »Meine übrigen Einnahmen werden sich immer so halten, dass ... ich eines ungestörten Einkommens sicher sein darf, und an eine fortlaufende Unterstützung von Ihnen, lieber Freund, habe ich unter keinen Umständen gedacht.« Sogleich jedoch drückt er den Wunsch aus »ungehindert«, das heißt von Geldsorgen befreit, reisen zu können, nach Italien, nach Paris vielleicht, um dann die Ruhe zu gewinnen, um wieder komponieren zu können, will dafür aber keineswegs seine Hilfe wieder in Anspruch nehmen, erwägt also gerade das, und schmeichelt ihm als Geschäftsmann, der Wesendonck ja sei, wenn er ihm als solcher ein Darlehen gewähre, schließt dann: »Wenn Sie mich lieben, so gestatten Sie mir, diese Form« – des Darlehens – »als eine wirkliche Verpflichtung für mich anzusehen.«

Wagner wirbt um die Huld der Frau und um das Geld des Ehemanns, klagt sogleich Liebe ein. Sie hat eine ihr gewidmete Komposition in Händen, die sie bald auch spielen wird. Und Otto Wesendonck? Er wird zahlen.

Mit dem Geld wird der wiedergeborene Komponist in diesem Sommer des Jahres 1853 auf Reisen gehen. Erneut durchwandert er die

Schweizer Berge, und zum zweiten Mal begibt er sich nach Italien. In Genua sieht er erstmals das Mittelmeer und ist überwältigt. Doch in La Spezia will und kann er nicht mehr weiter, kehrt abrupt zurück nach Zürich. Wegen der Liebe? Ja, wegen der Liebe. Zur Musik. »Da kehrte ich um, – um zu krepieren – oder – zu komponieren – eines oder das andere: nichts sonst bleibt mir übrig«, meldet er Franz Liszt nach Weimar, fügt ironisch noch an: »Da hast Du meine ganze Reisegeschichte – meine ›italiänische Reise!‹«

Welche Musik aber? Ist ihm ein Akkord eingefallen? Es-Dur? Könnte er der Grundton des Vorspiels zum »Rheingold« werden? Oder doch wegen der Liebe zu einer Frau, nämlich zu der seinen, zu Minna, gibt er zumindest vor, wenn er aus La Spezia schreibt: »O, mein liebes Mienel! Könnte ich heute bei Dir sein, ich gäbe ganz Italien darum!« Fünf Tage zuvor hatte er ihr aus Genua noch geschrieben, er werde sich länger in Italien aufhalten. Nun aber hat er Durchfall bekommen und in seiner Wehleidigkeit: »Mein Zustand ist unbeschreiblich ... und der Gedanke, heute so weit von Dir zu sein, liegt und drückt zentnerschwer auf mir.« Fünf Tage später ist er wieder bei ihr zu Hause. Minna ist die Frau, die immer da ist für ihn. Mathilde die, die nicht immer da ist für ihn, denn sie ist bei ihrem Mann, und der ist mit ihr auf Heimatreise in Deutschland und zur gesellschaftlichen Sommerkur in Bad Ems. Ist Wagner vielleicht nur gereist, erst mit Herwegh und Liszt durch die Schweizer Berge, wo die drei am Rütli Brüderschaft trinken, und dann nach Italien, weil sie nicht da war?

Kaum ist er zurück in Zürich, schreibt er an Liszt: »Ach ich bin so verdrießlich, so – von Gott verlassen! Ich bin so allein und mag doch niemanden sehen: welch ein lumpiges Dasein.« Zwar ist Minna auch der Hafen, in den er zurückkehren kann, doch Erlösung gibt sie nicht, hingegen alltäglich Ärger und Zwist, zudem sie sehr nervenkränklich ist, sodass sie nun zur Kur nach Baden geht, wo er sie jedoch täglich von Zürich aus besucht. Komponieren kann er nicht, krepieren aber auch nicht. Und die Wesendoncks kommen auch nicht zurück. Richard Wagner kauft einen Papagei aus Kreutzbergs großer Menagerie. Der soll ihm Gesellschaft leisten und spricht ihm nach, widerspricht ihm nicht.

Doch auf lange genügt Wagner auch das nicht. Er begibt sich erneut auf Reisen, nach Norden nun, da lauert weniger gesundheitliche Gefahr, und dort trifft er in Basel mit Bülow und Liszt zusammen, mit denen er nicht nach Deutschland reisen kann, denn der Steckbrief gegen ihn ist vor wenigen Monaten erneuert worden, sondern nach Paris. Dort trifft er zwei Frauen. Zum ersten Mal sieht er Cosima. Und zufällig begegnet er Mathilde.

Er war zusammen mit Franz Liszt über Straßburg mit der Eisenbahn kommend am 10. Oktober in Paris eingetroffen, erhielt ein kleines Zimmer im »Hôtel des Princes« in der Rue de Richelieu. »Er nimmt nicht anders an, als dass ich sein Gast sei: nie komm' ich zum bezahlen«, meldet er Minna, so als persifliere er seine ständigen Geldsorgen, schwärmt ihr von der Stadt an der Seine vor, obwohl sie ja vor Jahren, wie er meint, »der Schauplatz meines früheren Leidens« war. Liszt führt ihn in die Pariser Gesellschaft ein und schafft ihm Verbindungen zum Kunstbetrieb, macht ihn mit Hector Berlioz bekannt, der aus seinem »Benvenuto Cellini« einige Passagen am Klavier spielt, selber dazu singt. Wagner liest den letzten Akt der »Götterdämmerung« einem erlauchten Kreis der Pariser Gesellschaft vor und träumt erneut und weiterhin davon, hier eines Tages Fuß fassen, die Stadt erobern zu können. Liszt stellt ihm auch seine in Paris lebenden Kinder vor, und Wagner erblickt erstaunt die gerade mal fünfzehnjährige Cosima. Gleich am ersten Abend hat ihn Freund Liszt in die Oper, wo »Robert le Diable« von Meyerbeer gegeben wird, geführt, »ein so trauriger Opernabend«, wird Wagner sich noch Jahre später erinnern. Hingegen begeistert ihn ein Konzert der Quartett-Gesellschaft Morin-Chevillard, die das Es-Dur- und das cis-Moll-Quartett von Beethoven spielt.

Wagner ist schon einige Tage in Paris, da tritt ein ungeheurer Zufall ein. Er verlässt gerade das Hotel, um durch die Stadt zu flanieren, da kommt ihm auf der Rue de Richelieu, die im Börsen- und Handelsquartier der Stadt liegt, Otto Wesendonck entgegen, der »gute Amerikaner«, wie er ihn auch nennt. Sie müssen herzlich lachen, wie er Minna mitteilt, und Otto lädt Richard für den nächsten Tag in sein Hotel ein. Er wird Mathilde wiedersehen. Zum Rendezvous nimmt er Franz Liszt mit, der seit dem Tod von Theodor Uhlig in Dresden sein einziger Vertrauter in allen Dingen und eben auch in Liebesangelegenheiten ist. Liszt kehrt wenig später nach Weimar zurück, die Wesendoncks bleiben noch, aber Wagner sagt auch Verabredungen mit ihnen ab, etwa einen gemeinsamen Besuch des Louvre. Er bleibt ebenso, holt aber, da er Mathilde nicht in Zweisamkeit aufsuchen kann, Minna nach Paris, weist sie an, sie solle ganz viel Geld mitbringen, damit er ihr viele schöne Hüte kaufen könne, und borgt dafür gar Geld bei seinem Freund Sulzer.

Da Liszt abgereist ist, muss Wagner eine neue weniger kostspielige Bleibe suchen, mietet sich mit Minna im »Hôtel des Italiens« ein auf einem der großen Boulevards. Er ist in übermütiger Stimmung, lässt gar vom berühmten Pianofabrikanten Érard einen Flügel in sein Zimmer liften und spielt zwei Freunden aus seinen Opern vor, Gottfried Engelbert Andres und dem Portraitmaler Ernst Benedikt Kietz: »Dann habe ich denn nun am Boulevard des Italiens getannhäusert und gelohengrint: die armen Teufel wussten gar nicht, warum ich so außer mir wäre.« Er komponiert zwar nicht, krepiert auch nicht, aber er lebt auf, mitten in Paris. Hier ist Welt, nicht kleinstädtische Beschaulichkeit wie in Zürich. Nur warum will man ihn nicht in Paris, in der Kapitale der Welt? Er bleibt Tourist. Die Wesendoncks sind bei diesem Privatkonzert nicht zugegen. Doch Wagner hat etwas eingefädelt. Kietz soll Mathilde malen.

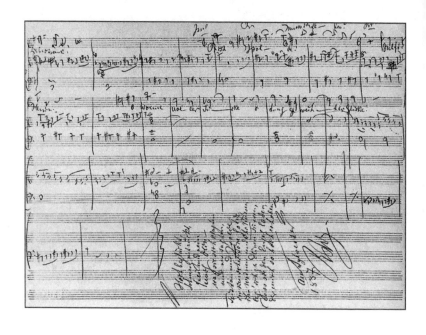

Kompositionsskizze zu »Tristan und Isolde«
mit Widmung an Mathilde Wesendonck

ERSTER AKT

»Wißt Ihr, wie das wird?«

KAUM IST WAGNER mit Frau Minna in Zürich zurück, ärgert er sich darüber, in Paris soviel Geld, das er nicht besitzt, ausgegeben zu haben. Schließlich hat es für ihn und sein Werk dort keine zukünftige Aussicht ergeben, was das eigentliche Ziel der Reise war. Das Vergnügen, das er dort hatte, zählt nicht mehr. »Krepieren« will er nun nicht, also bleibt nur die Kunst, die dem Leben einen Sinn gibt. Geradezu fieberhaft treibt er die Komposition des »Rheingold« voran, erinnert sich an den Es-Dur Akkord, der seit La Spezia nun in vielfacher Brechung in seinem Kopf weitertönt. Der Anfang ist gemacht. Es ist der 1. November des Jahres 1853. Die Dichtung des »Ring« findet zur Musik. Sein Gemüts- und Gesundheitszustand verbessert sich schlagartig, seit ihn die Musik und er sie wieder hat. In den nächsten Wochen, lässt er sich nur wenig von der Arbeit am »Ring« ablenken, erinnert aber Kietz nach sieben Tagen des Tonsetzerrauschs daran, das Portrait Mathildes »um Gotteswillen fertig« zu machen, »und schicke es bald her. Sonst sollst Du mich noch grob werden sehen.« Er kann es nicht mehr erwarten, das Bild seiner Muse vor Augen zu haben, wenn er den »Ring« in Töne setzt.

Liszt berichtet er Mitte November: »Freund! Ich bin im Wunder! Eine neue Welt legt sich mir offen. Die große Szene im Rhein ist fertig. Ich sehe einen Reichtum vor mir, wie ich ihn nicht zu ahnen wagte. Ich halte mein Vermögen jetzt für unermesslich: alles wallt und musiziert in mir. Das ist –«, dem Gedankenstrich folgt in einer neuen Briefzeile: »Oh ich liebe.« Der Briefleser Liszt weiß als einziger Vertrauter, es kann nur Mathilde sein, die er liebt, und der Nachsatz erweist es: »Und so ein göttlicher Glaube beseelt mich, dass ich selbst – der Hoffnung nicht bedarf.«

Welche Hoffnung nämlich sollte er in eine verheiratete Frau setzen? Eine Frau, die ihm zugetan ist, die ihn bewundert, umschwärmt, umgarnt gar? Er weiß auch, sie liebt ihn als Künstler, die selbst einen Künstlertraum hegt, sie liebt ihn kaum als Menschen, zumal er insgeheim weiß, welch schwieriges, oft unerträgliches Exemplar Mensch er zumeist ist. Mathilde wird bei ihrem Mann bleiben, der ihr zwar viel Freiheit gibt, aber nur in und wegen der Kunst, nicht in der Liebe. Doch er wird ja, wenn nicht sie selbst, ihr Bild besitzen.

Häufig nimmt er nachmittags nun den Weg ins »Baur au Lac«, wo Mathilde ihn im Salon zum Tee empfängt, mit ihm plaudert, er es indes kaum erwarten kann, ihr vorzuspielen, was er in den frühen Tagesstunden komponiert hat. Endlich kann er sich an den Flügel setzen, schlägt die Noten auf, die vor allem noch Skizzen sind, bisweilen auch schon Partitur, verharrt einen winzigen Augenblick, bevor die Hände die Tasten berühren, Töne hervorzaubern, die sie erschauern lassen. Behutsam und sanft schreitet die Musik der zweiten Szene, »Freie Gegend auf Bergeshöhen«, voran, Wotan ruht im Traum. Mathilde wird ganz Ohr für diese Töne, hört, wie Wagner halb sprechend halb singend Fricka spielt, wie diese Wotan weckt, ihn aus einem Traum rüttelt, »erwache, Mann, und erwäge!« Der erblickt seine Götterburg, die er hat errichten lassen: »Vollendet das ewige Werk«, und hinter den geschlossenen Augen sieht Mathilde Wotan, öffnet sie, sieht Wagner, wie er singend deklamiert: »Wie im Traume ich ihn trug/wie mein Wille ihn wies,/stark und schön/steht er zur Schau/hehrer, herrlicher Bau!« Und es folgt der Wechselgesang zwischen Wotan und Fricka, die ihn schilt: »Liebeloser/leidigster Mann! Um der Macht und Herrschaft/müßigen Tand/verspielst du in lästerndem Spott/Liebe und Weibes Wert?« Mathilde hat das Textbuch in der Hand, Wagner hat ihr ein Exemplar des Privatdrucks verehrt, sie kennt die Worte, so oft hat sie das Textbuch schon gelesen, nun aber: die Musik.

»Um Dich zum Weib zu gewinnen,/mein eines Auge/setzt' ich werbend daran«, hat sie Wotan gerade vernommen. Ja auch sein Auge, wie oft hat er es tief in ihr Auge schon versenkt, hat sie im Innersten getroffen. Beginnt denn alles mit dem Augenblick? Nun schaut es auf die Noten, die er auf Partiturpapier hat sogleich notieren müssen, so viele Stimmen erfordert die Musik. Es schaut sie nicht an, ihr Auge schaut ihn an, wie der kleine Mann da auf dem Schemel aus Ebenholz sitzt, hocherregt, gespannt, auf und niederhüpfend in der Dramatik der Musik nun, da Frickas Schwester Freya herbeigelaufen ist, von Fasolt und Fafner, den Riesen, bedroht, die Freya holen wollen, die als Lohn für die Erbauung der Götterburg Versprochene. Sie werden sie mit sich fortreißen.

Wagner bricht ab, erschöpft, gespannt erwartet er Mathildes Urteil, bleibt vor dem Flügel sitzen, schließt die Noten, erhebt sich und kommt ihr entgegen, setzt sich in den Fauteuil ihr gegenüber, lässt sein Auge in ihres versinken. »Wunderbar«, sagt sie, »nur etwas fehlt.« Was, kann sie nicht sagen. Wagner ist irritiert, immerhin keine Kritik, die will er nicht hören. Sagt sie so etwas, martert er sich den Kopf, bis er gefunden hat, was fehlt, ist ihr dankbar, dann, sagt es aber nicht.

So geht es fast alle Nachmittage in diesem Herbst, Winter 1853 zum Jahr 1854 hinüber. Gelegentlich stößt auch Otto Wesendonck hinzu, setzt sich unbemerkt von beiden in den Schatten eines schweren Brokatvolants, will nicht stören, weiß, es ist eine heilige Stunde. Hat Wagner den letzten Ton gespielt, erhebt er sich, geht gemessenen Schritts hinüber zum Flügel, begrüßt den Freund, dann auch seine Frau. Manchmal lädt er zum Dîner. Wagner bleibt, aber nicht lange, denn Minna wartet und der Morgen, an dem das »Rheingold« seiner harrt.

Unterbrochen werden die Tonsetzertage nur durch Proben mit dem Orchester, denn er hat weiterhin Konzerte zu geben als städtischer Kapellmeister, sechs Abonnements- und drei Benefizabende. Immer wieder dirigiert er die Sinfonien Ludwig van Beethovens. Sie sind die Musik, die ihm selbst vorangeht, da der wie er vor allem Tondichter sei. Das hat er Theodor Uhlig gut ein Jahr zuvor geschrieben und erklärt es nun auch Mathilde: »Das Charakteristische der großen Tonwerke Beethovens ist es, dass sie wirkliche Dichtungen sind, dass in ihnen ein wirklicher Gegenstand zur Darstellung zu bringen versucht wird... Seine bedeutendsten Tongebilde verdanken sich fast einzig der

Individualität dieses ihn erfüllenden Gegenstands.« Dabei sei es aber so, dass sich ein Literaturpoet wie Beethoven nur einem Literaturpoeten mitteile, eben wie ihm, Wagner, selbst, sodass der Laie, wie eben Mathilde, beim Hören der Musik in Verwirrung gestürzt werde, Beethoven nicht verstehen könne, da »dieser sich nur an das Wie?, nicht aber an das Was? hält«, wobei jedoch das Was erst gut erkannt sein müsse, bevor man zum Wie weiterschreiten könne. Das Wie mit dem Was aber mache nun einmal das Wesen absoluter Musik aus. Am 27. Dezember bringt er so ein »bedeutendes Tongebilde« Beethovens, nämlich dessen Vierte Sinfonie zusammen mit seiner eigenen Musik zu Gehör, die Szene der Friedensboten und den Friedensmarsch des »Rienzi«.

Vierzehn Tage später ist die Komposition des »Rheingold« beendet. »Und weiter nichts? Weiter nichts?«, schreibt er schwungvoll unter die letzten Töne. »Liebster! – Das Rheingold ist fertig: aber auch *ich* bin fertig!!!«, kann Wagner Liszt am 15. Januar melden. Und er kann jammern und klagen, denn wenn er nicht komponiert, leidet er, leidet am Leben, leidet an der unerfüllten Liebe: »Liebe, die ich nur in der Sehnsucht, nie in der Erfahrung hatte kennen lernen sollen«, und er flicht ein: »Durch eine vorschnelle Heirat im 23sten Jahre mit einer achtungswerten, aber mir ganz unangehörigen Frau bin ich ein für's Leben Verfehlter geworden«, kann das Liszt im Vertrauen sagen, bittet dennoch um Diskretion und fährt schließlich fort: »Gott wie gern wollte ich nackt in die Welt hinaus fliehen, nichts, nichts mehr sein als glücklich liebender und geliebter Mensch ... Ich soll nicht mehr glücklich, sondern nur noch unglücklich lieben können.« Das hat er in den letzten Wochen im fast täglichen Gegenüber mit Mathilde erneut erfahren, denn er ist gebunden und sie noch fester. »Ein Verfehlter – Unmöglicher« nennt er sich, nimmt die zu erwartende Frage Liszts vorweg, und die Kunst?, antwortet: »Sie ist mir reiner Notbehelf – nichts anderes.« Schließlich geht es aber doch vor allem ums Geld. »Es handelt sich ja nur um Geld ... Die Liebe lass ich fahren und die Kunst? – Nun das Rheingold ist fertig ... mit welcher Freude ging ich an die Musik. Mit wahrer Verzweiflungswut habe ich endlich fortgefahren und geendet. Ach, wie auch mich die Not des

Goldes umspann! Glaub mir, so ist noch nie komponiert worden: Ich denke mir, meine Musik ist furchtbar, es ist ein Pfuhl von Schrecknissen und Hoheiten!«

Das Fazit: »Vor allem muss ich aber auch Geld haben«, und er bittet Liszt, ihm zu helfen, seine Eigentumsrechte an den Opern einem Verleiher zu verpachten, denn er brauche drei Jahre lang Ruhe vor allen Geldsorgen, wolle er den »Ring« schaffen.

MARTER DER LIEBE

Vorerst beginnt Wagner Ende Januar 1854 mit der Niederschrift der gesamten Partitur des »Rheingold«. Zwar hat er während des Komponierens schon Partiturpapier genutzt und erstmals die Orchesterinstrumente hinzugeschrieben, doch nun ist es vor allem eine Fleißarbeit für ihn geworden, denn der eigentlich ursprüngliche Akt des Komponierens ist vorüber. Und so fällt Wagner in ein Loch, ist erschöpft. Komponiert er nicht, fühlt er sich krank, zweifelt an sich und verzweifelt an der Welt. »Ich kenne keine Ruhe als die der Erschöpfung des Fiebers: Ermattung nicht Ruhe«, schreibt er an seine wohlwollende Freundin Julie Ritter nach Dresden, klagt weiter: »Ich bin gefangen, bis in die notwendigsten Regungen meines Herzens hin, und nichts bleibt mir, als darüber zu weinen, zu toben – und endlich wohl auch einmal zu lachen. Zuzeiten bricht der Jammer in hellen Flammen aus. Jetzt war's einmal wieder so weit.«

Dichtet, komponiert er, so ist Jammer weder nötig noch möglich. Um so schlimmer aber danach. Dann stürzt alles über ihm zusammen. Sein Hausstand mit Minna, der Dauerstreit mit ihr, die Schulden, die Exilsituation, die fragliche Liebe. Er schildert Julie Ritter seinen Tagesablauf: »Ein Vormittag ohne Arbeit ist mir ein Tag in der Hölle. Unter Arbeit verstehe ich aber nie ›lesen‹ – das ich fast gar nicht mehr kann, so widerwärtig ist mir's, sondern jetzt componieren. Dabei übernehme ich mich gewöhnlich, reize auch meine Frau, durch das ich zu spät zu Tisch fertig werde.« Dadurch gerate er in üble Laune und wisse mit dem Nachmittag nicht so recht was anzufangen: »Einsame Spaziergänge in den Nebel; an manchen Abenden bei

Wesendonck's.« Doch er verrät nicht, dass er sie meist allein zur Teestunde aufsucht, um mit ihr zu plaudern, ihr vorzulesen, vorzuspielen, ihre Augen zu suchen, verrät aber: »Sagen Sie Emilien« – das ist die Tochter von Julie Ritter – »dass ich dort noch immer meine einzige Anregung gewinne«, und er bekennt: »Die anmutige Frau« – das ist Mathilde Wesendonck – »bleibt mir treu und ergeben, auch wenn vieles für mich in diesem Umgange marternd bleiben muss.«

Wagner liebt, liebt heftig, liebt unglücklich, durchlebt wieder einmal eine Krise. Und die Frau, die er liebt, kann ihm nicht helfen, das Leiden nicht heilen? Nein, die Liebe ist aussichtslos, nie würde Mathilde Wesendonck ihr bürgerliches Leben an der Seite ihres Ehemanns aufgeben. Das macht sie ihm ohne Worte deutlich, das weiß er, das martert ihn. Zudem leidet Richard Wagner zunehmend am Exil. Er fühlt sich in Zürich abgeschnitten von der Welt. Welt ist in Paris, in Berlin, Dresden, Leipzig, ist in München oder Wien. Er denkt daran, nach Deutschland zurückzukehren, will den preußischen König, den von Sachsen um Aufhebung des Haftbefehls bitten, unterlässt es aber, erwägt, einfach die Grenze zu überschreiten, verwirft auch das. Er schaltet Freunde ein, nicht nur Liszt, aber keiner kann etwas für ihn tun. Wagner wird bleiben müssen. Er leidet daran, dass er seinen »Lohengrin« nie gesehen hat, nicht selbst auf die Bühne bringen kann. Noch mehr daran, dass die Aufführung in Leipzig in diesem Januar 1854, wie allseits zu hören, ein Desaster war. Er hätte sie untersagen müssen. Zwar hatte er Liszt beauftragt, über die Aufführung zu wachen, damit sie musikalisch zum Erfolg werde, doch der war in seinen Augen zu nachgiebig, was er ihm auch vorhält.

»Ich bin in einer vollständigen inneren Auflösung begriffen«, schreibt er ihm, doch niemand merke es ihm an, »dank einem Selbstzwange«, durch den er aber zu viel Lebenskraft vergeude, und droht an, seinem Leben ein Ende zu machen. Doch: »Dieses Werk – es ist wahrlich nun das Einzige, was mich noch mit Neigung an das Leben festhält.« Also wird er weiterschaffen an seinem Werk, in der Zürcher Enge – so heißt auch noch der Ort am Zürichsee, in dem das Grundstück liegt, das Otto Wesendonck ins Auge gefasst hat, um es zu kaufen und mit seiner Familie zu bewohnen.

Die Partiturschrift des »Rheingold« allein füllt Wagner nicht aus, ist doch alles schon komponiert. Er verflucht sie gar, sie bringe ihn um, gesteht er Liszt. Also denkt er bereits an die Komposition der »Walküre« und verschwendet Gedanken an einen anderen Stoff, der ihn seit Jahren immer wieder einmal beschäftigt hat, an die Geschichte von Tristan und Isolde. Schon im letzten Oktober war ihm bei einem Spaziergang entlang dem Zürichsee die mittelalterliche Legende wieder in den Sinn gekommen. In Gedanken an eine nahezu parallele Geschichte war er nach Hause geeilt und hatte sie in drei Akten aufgeteilt skizziert.

Zudem plant er in seiner stetigen Unruhe, die ihn befällt, wenn er nicht komponiert, Beethoven in Zürich ein Fest zu geben. Seine Sinfonien hat er bis auf die Neunte schon in den Abonnementskonzerten dirigiert, manche gar mehrfach. Doch die Neunte bedarf eines größeren Rahmens, eines Chors, Sängern und eines verstärkten Orchesters. Und so entwirft er noch im Januar das Projekt eines Musikfestspiels im städtischen Theater. Denn Festspielcharakter muss sein. Doch das Interesse des Theaters und auch der Intendanz der Allgemeinen Musikgesellschaft ist gering, und so zieht Wagner am 8. März das Projekt enttäuscht zurück, nachdem er am Abend zuvor Beethovens Sechste, die »Pastorale«, dirigiert hat wie auch auf ausdrücklichen Wunsch Jakob Sulzers Glucks Ouvertüre zu »Iphigenie in Aulis«, deren Schluss er bearbeitet hatte.

Im nächsten Konzert vierzehn Tage später setzt er neben Beethovens Siebter Sinfonie dann auch wieder ein eigenes Werk aufs Programm, die Ouvertüre zum »Tannhäuser«, zu der er wiederum eine Woche danach den »Einzug der Gäste« und den »Festmarsch« hinzufügt. Endlich wieder kann er seinen Zürcher Freunden und besonders einer Freundin eigene Musik zu Gehör bringen. Nach den Konzerten bedrängt man Wagner von allen Seiten. Man will den gesamten »Tannhäuser« hören. Doch es werden noch Monate vergehen, bis dieser Wunsch verwirklicht werden kann, und zwar nur durch die »gütige Mitwirkung mehrerer hiesiger Musikfreunde«, wie die Direktion des Aktientheaters Zürich mitteilen wird.

Doch Wagner zielt weiter, er will sich nicht abfinden mit einigen

Aufführungen seiner ersten Opern, die er meint musiktheaterästhetisch längst hinter sich gelassen zu haben. Er blickt voraus, kündigt Mitte Februar 1854 seinem Dresdener Freund, dem Chordirektor Wilhelm Fischer, an, er werde im Sommer die »Walküre« in Musik setzen, im Frühjahr 1855 den »Siegfried« und im Winter darauf »Siegfrieds Tod«, sodass Ostern 1856 der »Ring des Nibelungen« vollendet sei. »Dann geht es an's Unmögliche: mir mein eigenes Theater zu schaffen, mit dem ich vor ganz Europa mein Werk als großes dramatisches Musikfest aufführe«, eine Idee, die an Größenwahn zu grenzen scheint, die er aber schon vier Jahre zuvor gegenüber Ernst Benedikt Kiez in Paris geäußert hatte. Nur in einem eigenen Theater als mehrtägiges Festspiel kann sich Wagner die Aufführung des »Ring« denken. »An unsere Theater denke ich dabei allerdings nicht mehr.« Nur an ein Theater, das es so noch nie und nirgends gegeben hat. Als eine, wie er selbst einräumt, Unmöglichkeit.

Wird das dennoch geschehen sein, »dann gebe Gott, dass ich meinen letzten Seufzer von mir stoße«, fügt er gegenüber Wilhelm Fischer an, und halb scherzhaft an die Verlegertochter Klara Brockhaus, die Sängerin werden will: »Nach der Aufführung werfe ich mich mit der Partitur auf Brünhildes Scheiterhaufen, sodass alles verbrennt.« Erst einmal aber hofft er, dass die junge Frau ihn in Zürich aufsuche. »Gerade Du fehlst mir«, umgarnt er sie, denn er sei auf Menschensuche. »Schön wär's wenn ich Dich fände!«

Auch Franz Liszt, Hans von Bülow und den Geiger Joseph Joachim versucht er in seiner abgrundtiefen Einsamkeit immer wieder nach Zürich zu locken, in diesen Außenposten der Welt, auf dass sie ihm Zuspruch und Zuneigung geben, doch auch sie suchen ihn nicht mehr auf. An Hans von Bülow, der sich aus schierer Geldnot als Musiklehrer bei einem polnischen General verdingen will, schreibt er: »Weißt Du einmal gar nicht mehr, was beißen, so komm' zu mir. So sehr ich Lump bin, soll mir doch jetzt mein Hausstand nicht so bald ausgehen: und das ›Leben‹ soll Dich dann keinen Heller kosten.« Und er beklagt wieder einmal das trostlose Zürcher Dasein: »Wenn nur das Zürich sonst nicht so ein Ludernest wäre. Ich helfe mir mit der Arbeit« – und an die wenigen, die von seiner Liebe wissen, streut

Franz Liszt. Zeichnung von Dominique Ingres

er immer mal wieder versteckte Bemerkungen ein: »Blick ich aus dem Haus, so kenne ich nur die schöne Umgebung – und jene liebe Frau.« Mathilde ist und bleibt der einzige Grund für Richard Wagner, es in Zürich aushalten zu können.

Doch in diesem Sommer 1854 wird die Lage für Wagner dramatisch. Er stecke in einer »Wechselklemme«, muss er Franz Liszt gestehen. Schon in seiner Dresdener Zeit hat er Schulden angehäuft und danach wieder und wieder neue. Nunmehr drängen immer mehr Gläubiger auf die Einlösung der Wechsel. Noch jetzt ärgert sich Wagner darüber, wie verschwenderisch er im letzten Herbst in Paris das Geld ausgegeben hat. Als er im Vorjahr in eine größere Wohnung im Zeltweg 13 umgezogen war, hatte er sie luxuriös eingerichtet und damit über seine Verhältnisse gelebt und sich zusätzlich verschuldet. Dieser Versuch, den wohlhabenden Großbürger zu spielen, hat ihm sowohl bei Sulzer als auch bei Wesendonck verständnisloses Kopfschütteln eingetragen.

Zwar gibt man inzwischen allerorten Wagners »Tannhäuser« und auch den »Lohengrin«, seine »Kassenopern« nennt er sie. In Deutschland stehen sie landauf landab auf den Spielplänen, ob in Detmold, Ballenstedt, Neustrelitz oder Coburg. Aber es sind eben nur die kleinstädtischen Bühnen, und die können ihm wenig zahlen, wenn sie überhaupt zahlen. Weder in München noch in Wien oder Berlin kommt es vorerst zu Aufführungen, was für ausreichende Tantiemen so notwendig wäre. Daher versucht er, diese großen Häuser für sich zu gewinnen, präsentiert sich aber bei deren Intendanten häufig zu großmäulig, um Gehör zu finden. Mit Franz von Dingelstedt, dem Intendanten des Münchener Hoftheaters, verhandelt er über ein Honorar für eine mögliche Tannhäuseraufführung und schreibt ihm: »Somit müssen mich meine beiden letzten Opern ›Tannhäuser‹ und ›Lohengrin‹, die ich nun einmal zum Gelderwerb preisgegeben habe, für meine Lebensdauer ernähren«, und er fügt hinzu, dass seine künftigen Opern, also der »Ring«, nicht für die existierenden Theater gedacht seien und er damit auch nie Geld machen könne.

In seinem Brief an Jakob Sulzer vom Endes des Sommers legt er seine Lage schonungslos dar: »Ich kann ohne eine große Summe baren Gelds im gegenwärtigen, allernächsten Zeitpunkte mich nicht behaupten«, gesteht er ein, ist auch bereit, sein gesamtes Mobiliar des Hauses am Zeltweg zu veräußern, gibt indes an, in diesem Fall den Tod seiner Frau zu fürchten. In einer schonungslosen Schuldrechung gibt Wagner 10 000 Franken und mehr an, spricht von einer Katastrophe, die ihn erwarte und schließt: »Was geschieht, um mir zu helfen, kann nur aus freundschaftlichen Beziehungen erspießen, wie sie sich nur in nächster Nähe bilden.«

Die seit 1851 von Julie Ritter gezahlte Jahresrente von 800 Talern blieb diesmal aus, da sich Wagner auch bei ihrem Sohn verschuldet hatte. In Anbetracht dieses neuerlichen finanziellen Desasters konferierte Sulzer schon im Juni mit Otto Wesendonck über Möglichkeiten, die verzweifelte Situation Wagners zu bessern, wozu Wesendonck schrieb: »Soviel ist klar: Ihm selbst darf kein Geld in die Hand gegeben werden ... Am besten ist es, wenn er ein mäßiges Fixum hat, was ihn nötigt, selbst an die Vermehrung seines Einkommens zu denken.« Er habe auch schon mit dem Gedanken gespielt, die Darlehen Minna Wagner auszuhändigen; Wesendonck fürchtete aber – und dies wohl zu recht, denn er kannte Wagner –, dass es dann zu Zerwürfnissen zwischen den Eheleuten käme. Schließlich verständigten sich Sulzer und Wesendonck darauf, Richard Wagner gegen Quittung im September des Jahres 7500 Franken auszuzahlen, die vor allem aus Wesendoncks Schatulle stammten. Doch das reichte nicht, um die Schulden zu begleichen, sodass der wohlhabende Freund ein weiteres Mal zu Hilfe kommen musste, da Wagner wie immer seine möglichen Einnahmen, die er Sulzer und Wesendonck genau aufgelistet hatte, zu hoch ansetzte. Der beste Wille stoße irgendwann einmal an seine Grenzen, schreibt Wesendonck an Sulzer und fügt hinzu, Wagner übe gegenüber seinen Freunden zu wenig Rücksicht, wenn er sie häufig in derart unangenehme Situation bringe, für ihn Schulden begleichen zu müssen. Dessen ungeachtet wird er dem Komponistenfreund immer wieder finanziell unterstützen; vergeblich beschwört er ihn unter vier Augen, auch ein Künstler müsse in seinem Finanzgebaren seriös sein.

Einmal abgesehen von den pekuniären Turbulenzen war der Sommer des Jahres 1854 durchaus heiter gewesen. Gelegentlich hatte Wagner mit den Wesendoncks eine Landpartie in die Zürcher Umgebung unternommen. Zu Dritt zogen dann Mathilde und Otto Wesendonck mit ihm über Berg und Tal. Wagners Frau war nicht mit von der Partie, denn er hatte sie Ende Juni zu einer mehrwöchigen Molkenkur nach Seelisberg am Vierwaldstättersee geschickt und auf ihrer Abreise energisch bestanden. Als Minna das Haus verließ, freute er sich, die erwünschte Ruhe wiedergefunden zu haben, die nur durch Jacquot unterbrochen werde, wenn »er schwätzt und pfeift nach Herzenslust«. Wagner setzte sich an die Kompositionsskizze zur »Walküre«. Madame Wesendonck habe ihm eine »goldenen Feder mit unverwüstlicher Schreibkraft geschenkt«, meldete er im Juni voller Stolz an Liszt.

Mit dieser Feder in der Hand – und so durch sie während des Komponierens unablässig mit ihr verbunden –, beginnt er die Musik zur »Walküre« zu komponieren. Sie ist aufs engste auf Mathilde bezogen. Nicht nur, dass er ihr die am Morgen komponierten Noten am Nachmittag vorspielte – allein im Ersten Akt finden sich sechzehn verschlüsselte, indes mühelos zu entziffernde Anspielungen auf seine Liebe zu ihr. Doch bald muss er die Komposition unterbrechen, denn er soll am 5. Juli zum Musikfest nach Sitten im Wallis aufbrechen, das er verflucht, raubt es ihm doch die Zeit für die »Walküre«. Dabei sei er so gut am Zuge. Liszt hat ihm 500 Franken zur Finanzierung der Reise nach Sitten zukommen lassen, und Wagner hofft durch den Auftritt dort, weitere Aufträge zu erhalten. In Sitten sollte er ursprünglich auch seine »Tannhäuser«-Ouvertüre dirigieren, was er aber absagt, da ihm das Orchester nicht hinreichend besetzt erscheint, sodass er nur Beethovens A-Dur-Sinfonie zur Aufführung bringen will.

»Verstimmt bin ich wie ein Teufel, dass ich hier bin«, schreibt er Minna aus Sitten, und »ich komme mir bei diesem Jux wie bei einer Landkirmes vor, wo ich den Kapellmeister abgeben soll«, denn das Orchester spiele so schlecht, dass er überlege, wieder abzureisen. Er bleibt noch zwei Tage, bevor er plötzlich Sitten verlässt, auf sein Honorar verzichtet und nach Montreux weiterfährt, wo er Karl Rit-

Richard Wagner. Aquarell von Clementine Stocker-Escher, Zürich 1853

ter, den Sohn seiner Gönnerin, trifft. »Mich jammert die schöne Zeit, die ich so gut zum Arbeiten aufgelegt war! Die Menschen sollen mich ungeschoren lassen!«, klagt er Minna, holt sie auf dem Weg nach Zürich in Seelisberg ab und kehrt mit ihr Ende Juli nach Hause zurück, wo ihn aber auch die Alltagssorgen wieder einholen. »Kein Mensch kann mir hier helfen«, meldet er Liszt, doch bald sollte ihm geholfen werden.

»Mit jedem Augenblick geize ich«, berichtet er Otto Kummer und hofft von nun an, jede Stunde für die Komposition der »Walküre« nutzen zu können, vor allem, als seine Frau Anfang September sich auf den Weg nach Deutschland macht. Minna will ihre Eltern besuchen, aber sie soll auch Demarchen unternehmen, um die Möglichkeit einer Amnestie für ihren Ehemann auszukundschaften. Der lässt sich jedoch Mitte September gern ablenken, durch Mathilde Wesendonck und ihren Mann, denn die beiden nehmen ihn zu einem fünftägigen Ausflug ins Glarnerland mit, der von Glarus und dann durch das Muottotal nach Brunnen führt, wo sie im »Goldenen Adler« absteigen. Bevor sie sich dort zur Nachtruhe begeben, setzt sich Wagner an das kaum taugliche Klavier des Festsaals und spielt Passagen aus Beethovens »Eroica«. Am frühen Morgen, als Mathilde und Otto aus ihrem Zimmer herabsteigen, empfängt er sie mit Akkorden aus dem »Lohengrin«. Im Laufe des Vormittags setzen sie über den Vierwaldstättersee und erreichen schließlich Seelisberg, wo sie zu dritt Quartier im »Kurhaus Sonnenberg« nehmen, was Wagner mit herzlicher Rührung, in Erinnerung an den gemeinsamen Aufenthalt dort, auch seiner Frau mitteilt. Die aber antwortet ihm auf den Brief nicht, hegt sie doch seit langem Eifersucht auf die Frau, die ihr Mann liebt, was er ihr zwar nie gestanden, was sie aber gespürt hat. »O du vorschnelle, ungerechte, misstrauische, kurz schlechte Frau!«, redet er sie daraufhin im nächsten Brief an und spricht nahezu trotzig davon, den Abend mit den Wesendoncks verbringen zu wollen.

Bei Goldau trennen sie die drei, die Wesendoncks steigen zum Rigi auf, Wagner, obwohl begeisterter Alpinist, verabschiedet sich von ihr und ihm am Fuß des Berges, kehrt nach Hause zurück und hat »sehr böse Laune«, wie er Bülow am nächsten Tag mitteilt. Hat ihm die

Situation, tagelang zwischen seiner Geliebten und seinem Gönner zu stehen und die Nacht allein verbringen zu müssen, während er die beiden im Nachbarzimmer weiß, die böse Laune eingegeben? Die Arbeit an der »Walküre« stockt nach dem gemeinsamen Ausflug. Er ist nicht in Stimmung. Selbst als Wesendonck zusammen mit Sulzer die akuten Geldprobleme gelöst hat, ist eine gesicherte Zukunft nicht erkennbar. Er schreibt nach Weimar an Liszt, der ihm in allen Lebenslagen immer als Retter erscheint, er möge ihm doch eine Konzerttournee durch Holland und Belgien vermitteln. Wagner beharrt darauf, dass dieses Vorhaben »eine reine Ausgeburt der Verzweiflung in einer nichtswürdigen pekuniären Lage« und nicht gedacht sei, um sein eigenes Werk zu propagieren. Ja, das Geld dafür sei gar ein »Opfer, für eine Selbstverleugnung.« Zu dieser Zeit weilt Minna Wagner in Weimar. Wagner bittet Liszt in einer an den Rand des Briefes geschriebenen Notiz ausdrücklich, ihr nichts von seiner elenden Lage zu sagen, denn sie wisse nicht viel von seiner Not, die er ihr in guter Absicht verberge. Schließlich verfällt Wagner im Brief an seinen Freund erneut in die Attitüde des absoluten Weltschmerzes: »O verstümmeln wir uns nicht selbst so. Beachten wir die Welt nicht anders als durch Verachtung. Nur dies gebührt ihr ... keine Hoffnung, keine Täuschung. Sie ist schlecht, schlecht, grundschlecht.« Und doch, eine Hoffnung gibt es: »Nur das Herz eines <u>Freundes</u>, nur die Träne eines Weibes kann uns aus ihrem Fluche erlösen.« Das Herz eines Freundes besitzt er, das von Franz Liszt, doch die Träne eines Weibes, wer weint sie? Minna? Mathilde?

GRENZENLOSE LIEBE, UNERFÜLLT?

»G. w. h. d. m. verl.« Mehrere derartige chiffrierte Notizen finden sich am Rand des Kompositionsentwurfs zur »Walküre«, den Richard Wagner zwischen Juni und Dezember des Jahres anfertigt. Die erste Notiz ziert sogleich das Vorspiel zum Operndrama: »G.s.M.« – Gesegnet sei Mathilde. Die Komposition wird Spiegel der heftigen Liebe zu Mathilde Wesendonck und ihrer Turbulenzen, ist doch die letzte Notiz »G.w.h.d.m. verl.« so zu dechiffrieren: Geliebte, warum hast Du mich verlassen?, die zu jener Szene gehört, als Hunding seine

Frau Sieglinde auffordert, den Ort zu verlassen, und Siegmund allein zurückbleibt. Davor aber: »W.d.n.w.!!«: Wenn Du nicht wärst, Geliebte!!, als Siegmund Sieglinde in die Augen schaut und singt: »Friedmund darf ich nicht heißen.« »I.l.d.gr.«: Ich liebe dich grenzenlos, da Siegmund gegenüber Sieglinde sich singend hinreißen lässt zu: »Die Sonne lacht mir nun neu!« »L.d.m.M.?«: Liebst Du mich Mathilde?, als Siegmund fragend ihren Blick sucht.

Im Herbst des Jahres 1854, nach der Wanderung zu dritt, die ihn letztlich in so üble Laune gestürzt hat, fallen mehrere Momente zusammen, die eine große Krise in Richard Wagner auslösen. Zum einen hat er in den fünf gemeinsam verbrachten Tagen völlige Klarheit gewonnen, dass die Geliebte unabänderlich die Frau seines Gönners bleiben wird, der aber immerhin sein Gönner ist. Und so hat er sich vorzeitig von ihnen verabschiedet und ist nach Zürich zurückgekehrt. Dort fällt wieder der unbarmherzige Alltag über ihn her, und er stellt fest, dass Zürich für ihn kein Platz zum Leben ist. »Ich lebe hier völlig im Exil ... so muss ich gestehen, dass ich bis jetzt die Fremdartigkeit einer Umgebung noch nie so stark und schmerzlich empfand wie hier«, schreibt er an Luise Brockhaus über sein »geborgtes Dasein.« Auch rein künstlerisch sei das Leben in Zürich eine Einöde, wo ein »Zustand gänzlicher Anregungslosigkeit« herrsche. »Es ist bös für mich«, ist sein Fazit.

Zu der üblen Laune des Herbstes kam indes eine Entdeckung hinzu, die ihm immerhin das gedankliche Fundament für seine Weltverachtung gab. Schopenhauer. Georg Herwegh hatte ihm im Oktober dessen Hauptwerk »Die Welt als Wille und Vorstellung« zu lesen gegeben. »Wie ein Himmelsgeschenk« sei das Buch in seine Einsamkeit gefallen. »Sein Hauptgedanke, die endliche Verneinung des Willens zum Leben, ist von furchtbarem Ernste, aber einzig erlösend«, berichtete er begeistert Freund Liszt von der Lektüre, so als ob Schopenhauer alle seine Probleme lösen könnte. Ein Quietiv sei die Schrift, die ihm nach den bisher schlaflosen Nächten von Zürich endlich zum Schlaf verhelfe. »Es ist die herzliche innige Sehnsucht nach dem Tod: volle Bewusstlosigkeit, gänzliches Nichtsein, Verschwinden aller Träume – einzigste, endliche Erlösung.«

Beruhigungsmittel

Doch eine andere Art der Erlösung bewohnte Wagner weiterhin, wenn er folgendes Resümee zog: »Ich hoffe – auf nichts mehr – als auf das Ziel des ›Fliegenden Holländers‹«, schrieb er an Caroline von Sayn-Wittgenstein nach Weimar Ende November. Und dessen Ziel war? »Darf ich in jenem Wahn noch schmachten/dass sich ein Engel mir erweicht? Der Qualen, die mein Haupt umnachten/ersehntes Ziel hätt' ich erreicht?/Ach! Ohne Hoffnung wie ich bin/gab ich mich doch der Hoffnung hin«, singt der Holländer im Ersten Akt und Wagner weiß ja nun, dass der erlöst werden wird. Wie er? Eines Tages? Durch die Frau? Den Engel? Durch Mathilde doch? Und wäre es im Liebestod?

Wenig später teilt er Liszt mit: »Ich habe im Kopf einen Tristan und Isolde entworfen«, eine Geschichte einer unbedingten, einer erfüllten Liebe sei es, die sich aber nur im Tod erfülle. »Mit der schwarzen Flagge, die am Ende weht, will ich mich dann zudecken – um zu sterben«, fügt er an. Zuvor hat er geschrieben: »Da ich nun aber doch im Leben nie das eigentliche Glück der Liebe genossen habe, so will ich diesem schönsten aller Träume ein Denkmal setzen, in dem von Anfang bis zum Ende diese Liebe sich einmal so recht sättigen soll.« Eben in »Tristan und Isolde«, die einander im Leben nicht lieben können wegen Marke, der auch Wesendonck ist? Sondern nur im Tod.

Doch vorerst ist es »Die Walküre«, deren Kompositionsskizze Wagner in den Herbstmonaten des Jahres 1854 zu Ende bringt. Auch in ihr geht es um eine unerfüllte, unerfüllbare Liebe, die Siegmunds zu Sieglinde, die letztlich von Hunding verunmöglicht wird. Neben der Komposition des Ersten Tags des »Ring« aber hat Wagner als Kapellmeister weiterhin für das Zürcher Konzertleben zu sorgen, was nicht ohne Konflikte abgeht, wenn er im Dezember verlangt, das Orchester für die Konzerte zu vergrößern. In demselben Monat veranstaltet er im »Saal zur Meise« noch eine Quartett-Soiree mit Werken von Mozart, Haydn und Beethoven. Den Abschluss des Abends bildet Beethovens Streichquartett in cis-Moll op. 131, ein besonders anspruchsvolles Werk, zu dem er im Programmzettel schreibt, es handle sich um ein noch unverstandenes Werk aus des Komponisten letzter Lebensperiode. »Somit sehe ich mich besonders veranlasst, die Zuhörer auf die große Eigentümlichkeit dieses außerordentlichen Werks aufmerksam zu machen.« Nur derjenige, der verstehe, vermöge der Stimmung des Werkes zu folgen, von der »schwermutvollen Morgenandacht eines tiefleidenden Gemüts ... durch die Empfindungen der Wonne, des Entzückens, der Sehnsucht, der Liebe und Hingebung ... bis zur schließlichen schmerzvollsten Resignation auf alles Glück der Erde«, womit Wagner auch hier die Lektüre Schopenhauers paraphrasiert.

Selbstverständlich hat Wagner auch Mathilde in sein Schopenhauer-Fieber hineingezogen, hat ihr ganze Passagen des Werks vorgelesen, das sie sich auf seinen drängenden Rat auch selbst zur täglichen Lektüre erkoren hat. Sie kann seine grundsätzliche Weltverachtung jedoch nicht teilen, bringt dagegen Goethes »Faust« ins Spiel, wird ihr Lieblingsdrama immer wieder ins Spiel bringen. Wagner erinnert sich und erzählt ihr, dass er vor fünfzehn Jahren in der absoluten Misere von Paris eine Faustmusik komponiert habe. Mathilde drängt ihn daraufhin, ihr diese frühe Komposition zu Gehör zu bringen. Und so spielt er ihr sie einige Tage später vor, ist aber von dem, was er hört, nicht mehr überzeugt, denn musikalisch hat er das Stadium seiner Beethoven-Epigonie längst überwunden.

»Lästerlicherweise überfiel mich grade jetzt eine völlige Lust, meine alte ›Faustouvertüre‹ noch einmal neu zu bearbeiten,« schreibt er Mitte Januar an Liszt, der in Weimar gerade »Eine Faust-Sinfonie« komponiert hat, verrät aber nicht, wer diese Lust an Faust in ihm angeregt hat. »Eine Faust-Ouvertüre«, nenne er das Werk und fügt eine Passage aus Goethes Dichtung an, die ihm gerade zupass kommt, da Faust zu Mephistoteles meint: »Der Gott, der mir im Busen wohnt/kann tief mein Innerstes erregen;/der über allen meinen Kräften thront,/er kann nach außen nichts bewegen;/Und so ist mir das Dasein eine Last,/der Tod erwünscht, das Leben mir verhasst.«

In wenigen Tagen hat Wagner die Partitur neu geschrieben, die Instrumentierung verändert und einige Motive in ihrer Bedeutung hervorgehoben und alldem eine Widmung vorangesetzt: »Zum Andenken S. l. F.«, was heißen soll: Seiner lieben Freundin, womit natürlich Mathilde gemeint ist. Schon am 23. Januar im zweiten Abonnementskonzert des Jahres 1855 erklingt unter Wagners Dirigat neben der Ouvertüre zu Mozarts »Zauberflöte« und der Fünften Sinfonie Beethovens seine »Faust-Ouvertüre«, und Mathilde hört betört und gerührt, was ihr gewidmet ist und was sie ausgelöst hat.

»Herrin«, nennt er sie daraufhin in einem Billet des Monats Januar, in dem er einen Klavierabend im Hause Wesendonck ankündigt. Öffentliche Konzerte wird er hingegen in Zürich nur noch wenige geben, da zum einen die Bedingungen dafür nicht gut genug sind, er sich andererseits auf die Komposition des »Ring« konzentrieren will. Vier Abonnementskonzerte dirigiert er in den beiden ersten Monaten des Jahres 1855 noch, im letzten am 20. Februar neben Glucks Ouvertüre zur »Iphigenie in Aulis« Arien aus Mozarts »Don Giovanni«, Rossinis »Semiramis« und von ihm selbst ein weiteres Mal die »Faust-Ouvertüre« und »Elsas Brautzug« aus dem »Lohengrin«, woraufhin die Zürcher Damen dem Meister erneut einen Lorbeerkranz offerieren.

Vier Tage zuvor hat das Zürcher Musikpublikum Gelegenheit gehabt, den ganzen »Tannhäuser« zu erleben, denn der neue Intendant des Actien-Theaters, Ernst Walther, hatte Wagner schon im November gebeten, ihm endlich diese Oper zu Ohr und Auge kommen zu lassen. Der nannte Walther einen »Ausbund von Jude«, mit dem er sich nicht einlassen wolle, und schmähte das Zürcher Theater als lächerliche Bühne, sagte aber dennoch zu, sich selbst um die Aufführung zu kümmern. Seine Zürcher Freunde wollten nämlich und so sollten sie seine Oper sehen, vor allem die Eine sollte sein Werk erleben, ihn damit selbst erleben, denn er ist ihr ganz und gar hingegeben in diesen Monaten mit allen Martern, die die aussichtslose Liebe bereithält.

Mathilde Wesendonck bittet Wagner und schmeichelt ihm damit, die letzte der Aufführungen selbst zu dirigieren, die anderen hat zu des Komponisten Zufriedenheit Louis Müller geleitet. Ihrer Bitte kann, will er sich nicht entziehen. Und so tritt er am Abend des 23. Februar 1855 vor das »durch die gütige Mitwirkung mehrerer hiesiger Musikfreunde verstärkte Orchester«, hebt die Arme, und die Ouvertüre setzt ein. Mathilde in ihrem Fauteuil sinkt in sich hinein, hat Auge und Ohr nur für ihn und seine Musik, bis der Vorhang sich öffnet, hinter dem sich das Innere des Venusbergs zeigt, und in der Grotte der Gesang der Sirenen ertönt »Naht Euch dem Strande/naht Euch dem Lande/wo in den Armen/glühender Liebe/selig Erbarmen/still' eure Triebe.« Ja sie liebt den kleinen, doch eher hässlichen, ungestalteten Mann, den manche gar den Gnom von Zürich nennen, der aber solche Töne hervorzuzaubern vermag. Doch liebt sie auch glühend? Wagner? Oder ihren Mann? Ihren Sohn? Wenn sie seine Musik hört wie jetzt, dann liebt sie ihn glühend, oder liebt sie nur seine Musik, ist sie allein geschmeichelt von der Nähe, die sie zu diesem Mann haben kann? Was die anderen Damen der Zürcher Gesellschaft ihr so neiden. Die böse Gerüchte über ihre Nähe zu Wagner streuen, allen voran Emma Herwegh, die unweit von ihr in der großen Mittelloge auch seiner Musik folgt. Da zieht Venus Tannhäuser in ihre Arme: »Geliebter, sag, wo weilt dein Sinn?«, singt sie fragend. »Die Zeit, die ich hier weil', ich kann/sie nicht ermessen«, antwortet Tannhäuser. »Bist du so bald der holden Wunder müde,/die meine Liebe Dir bereitet?«, fragt sie weiter und bestürmt ihn: »Mein Sänger auf! Ergreife Deine Harfe!/Die Liebe feire, die so herrlich du besingst,/dass du der Liebe Göttin selber die gewannst!/ Die Liebe feire, da ihr höchster Preis dir ward!«

Immer wieder die Liebe, ist denn sie der einzige Grund unseres Lebens? fragt Mathilde sich und erinnert sich an die vielen Worte, die Wagner ihr schon gewidmet hat, zur Liebe, denkt zurück an die Liebesbeteuerungen, die er ihr gemacht hat. »Dir töne Lob«, singt Tannhäuser, und doch will er Venus verlassen, und Takte später sie: »Was ist's? Worin war meine Liebe lässig?« – »Gepriesen sei Dein Lieben«, doch: »Lass mich ziehn!«, aber Venus: »Ich lass Dich nicht, du darfst von mir nicht ziehn!« Schließlich indes ist Trennung: »Ich geb' Dich frei, Zieh hin, Zieh hin/Hin zu den kalten Menschen flieh,/vor deren blödem, trübem Wahn./« Bevor Venus die Szene verlässt, prophezeit sie: »Nie ist dir Ruh' beschieden,/nie findest du das Heil!« Soll denn Tannhäuser ewig wandern, auf Liebe verzichten? Wie er? Wie oft hat Mathilde seine »Tannhäuser«-Dichtung schon gelesen, allein in ihrem Haus, doch nun erstmals hört sie auch seine Musik, die er zudem selber dirigiert. Als der Vorhang fällt über der Liebesapotheose im entseelten Tod des Tannhäusers, will der Beifall kein Ende nehmen, bis Wagner das Wort erbittet und ankündigt, dass er zwar vorerst zum letzten Mal in Zürich dirigiert habe, doch Pläne habe, ein Festspiel seiner neuen Opern hier in der Stadt zu veranstalten.

Im Herbst des letzten Jahres hatte er mit seinem alten Freund aus Dresdener Tagen, mit Gottfried Semper, bei einer Dampfschifffahrt auf dem Zürichsee nach Horgen Pläne für ein Festspielhaus gemacht. Der Architekt, der wie Wagner als Barrikadenmann aus Dresden hatte fliehen müssen und der seit 1849 in London lebt, soll nach Zürich kommen, dafür will Wagner sorgen. Semper wird noch in diesem Jahr an das Polytechnikum der Stadt berufen.

Zwei Tage nach der von ihm dirigierten Aufführung des »Tannhäuser« verlässt Richard Wagner Zürich und Mathilde Wesendonck kehrt erst vier Monate später, Ende Juni, zurück.

LA MALADIE DE LONDRES

»Mir war es übel dabei zumute. Meine Sache ist es nicht, nach London zu gehen und philharmonische Konzerte zu dirigieren, selbst wenn ich – wie man wünscht – von meinen Compositionen drin aufführen soll«, schrieb Richard Wagner an Franz Liszt. Und ging doch. Am 25. Februar 1855 brach er aus Zürich auf, nahm den Weg über Paris, machte dort Station, wäre aber lieber an die Limmat zurückgekehrt. »Ich armer, dummer Mann! Schon in Baden wollte ich umkehren, dann in Basel – und erst in Paris«, meldete er seiner Frau, schaltete noch einige zusätzliche Rasttage ein, zögerte weiter, ging mit seinem Malerfreund Kietz ins Theater, sah die berühmte Schauspielerin Rachel in Pierre Corneilles »Cinna«, wunderte sich über ihr Virtuosentum, das ihm unnütz erschien, sodass er meinte, selbst wenn »die Dame wie eine Göttin sänge«, könne er sie nicht für seine Opern gebrauchen. Schließlich raffte er sich doch zur Fortsetzung der Reise auf und erreichte die Stadt an der Themse erst am Sonntagabend des 4. März. In London war er schon sechzehn Jahre zuvor acht Tage lang in »Bangigkeit und Not« weitgehend ziellos herumgelaufen und fürchtete sich jetzt erneut vor der großen Stadt.

Im Brief an Liszt hatte er auch den Grund angegeben, warum er nach langem Zaudern der Einladung nach London zustimmte. Eigentlich hatte er sich entschlossen, zugunsten des Komponierens völlig auf das Dirigieren zu verzichten, fühlte sich aber doch geschmeichelt, als der Schatzmeister der Royal Philharmonic Society, George Frederick Anderson, eigens nach Zürich geeilt war, um Wagner zu einem Gastspiel an der Themse zu überreden. Es wurde ein Honorar von fünftausend Franken für acht Konzerte vertraglich vereinbart, von denen das letzte am 25. Juni stattfinden sollte. Was Wagner nicht zuletzt zur Zusage bewog, war die Hoffnung, in London eines Tages einmal den »Lohengrin« selbst auf die Bühne bringen zu können, ein Wunsch, der ihn seit Jahren umtrieb und quälte. »London ist der einzige Ort der Welt, wo es zu ermöglichen ist, dass _ich_ meinen Lohengrin einmal aufführe, da diese albernen Könige und Fürsten von Deutschland etwas anderes zu tun haben, als mich zu amnestieren.«

Doch auch London wird Wagner nicht glücklich machen, ja er wird noch lange nach seiner Rückkehr von der »Maladie de Londres«, der Londoner Krankheit, sprechen, so sehr werden ihn die Monate dort enttäuschen und schließlich krank machen. »Ich habe hier völlig das innere Gedächtnis verloren«, vermeldet er nach zwei Monaten »Onkel« Otto Wesendonck und bittet ihn, dies auch »Tante Mathilde« mitzuteilen. Er hat sich nämlich vorgenommen, in London neben den Konzerten in der reichlich bemessenen freien Zeit die Kompositionsskizze der »Walküre« in Musik zu setzen, hofft darauf, in der »Londoner Langeweile« dafür die nötige Muße zu finden. Doch das Wetter, die Missstimmung, die Kränklichkeit erschweren das, sodass er kaum vorankommt, gar zeitweise erwägt, die Komposition aufzugeben, macht sich dann doch selber Mut, wenn er an Sulzer schreibt: »Solange ein Funken Leben in mir ist, werden mich jene künstlerischen Illusionen wohl nicht loslassen«, aber es sind eben nur die Illusionen gegenüber einem Leben in Glück und doch: »Sie sind wirklich die Lockvögel, mit denen der Lebenstrieb meine Einsicht immer wieder zu seinem Dienste einfängt.« Und so setzt sich Wagner immer wieder ans Klavier, auf das er einige Wochen nach seiner Ankunft voller Ungeduld gewartet hat. Er lebt nun in einer komfortablen Wohnung nahe dem Tierpark,

22. Portland Terrace am Regents Park. Nur den Ersten Aufzug der »Walküre« kann er hier instrumentieren, schon beim Zweiten stockt die Komposition endgültig, und er wird sie erst im kommenden Herbst in Zürich beenden können, als er wieder Mathilde in seiner Nähe weiß. Er kommt sich vor, als verbüße er in London eine Strafe und empfindet die Monate dort als eine verlorene Lebenszeit, zumal sich keinerlei Aussicht auf eine von ihm selbst eingerichtete »Lohengrin«-Aufführung ergibt.

Indes kann Wagner im zweiten Londoner Konzert, das er zu dirigieren hat, dem Londoner Publikum das »Vorspiel«, den »Brautzug«, die »Hochzeitsmusik« und das »Brautlied« aus dem »Lohengrin« zu Gehör bringen, empfindet es jedoch als Kränkung, immerzu nur Ausschnitte aus seiner Oper vorstellen zu können. Als vor einigen Monaten schon einmal Wagners Musik in einem Konzert gegeben wurde, war sie ausgelacht worden und, wie er selbst schreibt, als »lauter verrücktes Zeug« verachtet worden. Nun hat er im Programmzettel eine Erklärung zu seinem Werk drucken lassen, und unter seinem eigenen Dirigat wird die Musik zu einem Publikumserfolg; auch die Orchestermusiker und selbst die Direktoren der Royal Society sind beeindruckt. Mit diesem Erfolg habe sich seine üble Laune in Ironie aufgehellt, schreibt er an Minna und benutzt für den Brief rosa Papier und nicht gelbes, das er beschreibt, wenn er in Missstimmung ist. Aber schon vier Tage nach dem Konzert ist die schlechte Laune wieder zurückgekehrt, wenn er Liszt mitteilt, er befinde sich in London in einer »vollkommenen Anomalie«, denn er sei am falschen Ort und in einer falschen Stellung, Kapellmeister wolle er eben nun mal nicht sein. Wenn er dann und wann in Zürich dirigiert habe, so sei das nur geschehen einigen Freunden, »ja vielleicht nur einer einzigen Freundin zu lieb.« Liszt weiß, wen Wagner da meint.

Doch die Frau, die er liebt, ist fern, ist bei ihrem Mann, ist schwanger von ihm, was Wagner aber noch nicht weiß. Derweil sucht er die Ahnungen seiner Frau Minna, er liebe Mathilde, zu zerstreuen, nennt sie in den Briefen, wie ihren Mann immer Onkel, Tante. Und doch erregt Minna Wagner sich über jede noch so harmlose Anspielung auf Mathilde, spart in ihren Briefen nach London auch nicht mit Verdächtigungen, zumal andere Frauen der Zürcher Gesellschaft, vor allem die mit Minna befreundete einstige Revolutionärin Emma Herwegh, die Sängerin Emilie Heim und Adelheid von Bieberstein, ihr weiterhin mit diversen Klatschgeschichten, die eine Nähe zwischen ihrem Mann und der Wesendonck unterstreichen, in den Ohren liegen. Die Gerüchte und Unterstellungen haben zur Folge, dass Mathilde kaum noch das »Baur au Lac« verlässt und in Gesellschaft geht. Emma Herwegh nennt sie in ihrer Boshaftigkeit einen »deutschen Blaustrumpf« und bezeichnet Mathildes nächste Freundin Eliza Wille als »epileptische Natur.« Daraufhin wirft Caroline von Wittgenstein, die gerade zu Besuch in Zürich weilt, ihr vor, sie sei nur eifersüchtig darauf, dass Wagner nicht ihr den Hof mache, und meint, Genies gehörten nun einmal allen. Wagner vermutet bei seiner Frau eine tiefe Antipathie gegen Mathilde. »Beruht Deine Abneigung auf irgendeinem Misstrauen, das Dir an die Ehre zu gehen schiene, so glaube ich, Dir die Versicherung geben zu dürfen, dass dieses Misstrauen vollkommen ungerechtfertigt und unbegründet sei und Du dagegen fest annehmen könntest, dass Niemand Dein Vertrauen und Deine Freundschaft mehr verdiene wie die Wesendonck.« Die er liebt.

Kurz vor diesem Brief an seine Frau hat Wagner von Otto Wesendonck erfahren, dass Mathilde schwanger ist und vom Arzt häusliche Ruhe verordnet bekommen hat, da es ihr nicht gut gehe. Obwohl es ihm einen Stich ins Herz versetzt, die Frau, die er liebt, von ihrem Ehemann geschwängert zu wissen, schreibt er ihr aus London: »Was soll ich tun, Sie arme Kranke aufzuheitern.« Er legt dem Brief das Programm des Londoner »Lohengrin«-Konzerts bei und empfiehlt ihr zur Lektüre indische Sagen, die er gerade liest. »*Satiri* ist göttlich und wollen Sie meine Religion kennen lernen, so lesen Sie Usinar. Wie beschämt steht unsere ganze Bildung da vor diesen reinsten Offenbarungen edelster Menschlichkeit im alten Orient.« Wagner und Mathilde werden sich in den Folgejahren häufig in indische Literatur und buddhistische Lehren vertiefen, woraus auch Gedichte entstehen werden, die Mathilde verfassen wird.

Darüber hinaus berichtet er ihr von seiner Lektüre der »Göttlichen Komödie« Dantes: »Noch stecke ich tief in der Hölle. Ihre Grausen

Minna Wagner mit »Peps«. Aquarell von Clementine Stocker-Escher, Zürich 1853

begleiten mich in der Ausführung des zweiten Aktes der Walküre. Fricka ist soeben fort, und Wodan soll in seinem schrecklichen Wehe ausbrechen.« Nur mit ihr kann er über seine Oper sprechen, denn sie kennt nicht nur den Text und auch schon die Musik dazu, sondern sie ist auch aufs innigste verbunden mit dem Entstehen des Werks, dessen Einzelheiten er ihr als einziger in ihrer Suite des »Baur au Lac« an so vielen Nachmittagen vorgespielt hat. Zugleich muss er ihr aber auch mitteilen, dass er mit der Instrumentierung der Oper nicht voran kommt. Fehlt sie ihm als Muse? Ist sie die Erinnerung, die ihm verloren gegangen ist?

Otto Wesendonck hingegen schilt Wagner wegen seiner dauerhaften Missstimmung und der Kritik am Londoner Leben, was er als Kosmopolit nicht verstehen kann. Andererseits hatte er ihn ja gedrängt, dieses finanziell nicht unattraktive Engagement anzunehmen, damit er endlich seine Schulden selbst begleiche. Er könne seine dauernde Bedrückung nicht verstehen, teilt er Wagner mit und wünscht ihm Kraft, Mut, Vertrauen und Ausdauer. Er solle sich doch bitte von den alltäglichen Bedrängnissen nicht dermaßen einschüchtern lassen. »It must be so!«, endet Wesendonck den Brief. So ergibt Wagner sich schließlich seinem Londoner Schicksal, wenn auch mit Widerwillen, meint zu Wesendonck, nun könne er ihn aufgrund seiner Zurechtweisungen gar bald Vater nennen, und ist doch zwei Jahre älter als dieser.

Infolge seiner Misanthropie, die genährt wird durch eine abgrundtiefe Verachtung der Engländer, gewinnt Wagner in London nur wenige Freunde, und unter ihnen findet sich auch kein gebürtiger Brite. Mit dem gleichaltrigen Franzosen Prosper Sainton, Konzertmeister des Philharmonischen Orchesters, freundet er sich dagegen an. Der Konzertmeister hat maßgeblichen Anteil an Wagners Engagement gehabt und wird ihm zur bedeutenden Stütze bei der Probenarbeit. Von ihm wird er auch zum Essen nach Hause eingeladen, wo Sainton, was Wagner irritiert, mit dem aus Hamburg stammenden Musiker Charles Lüders »wie Mann und Frau« zusammenlebt. Häufig zu Gast ist er auch im Hause des Musikschriftstellers Ferdinand Präger und seiner französischen Frau Léonie, die Wagner in seinem Bemühen, wahlverwandtschaftliche Verhältnisse anzustreben, zumeist

»Schwester« nennt. Präger führt den deutschen Komponisten durch das Londoner Gesellschaftsleben und richtet ihn immer wieder auf, wenn er griesgrämig und niedergeschlagen ist. Vor allem aber ist es der junge Pianist und Lisztschüler Karl Klindworth, dem sich Wagner freundschaftlich verbindet, und zwar für lange Jahre. Der spielt ihm in der Londoner Trostlosigkeit nicht nur die virtuose h-Moll-Klaviersonate von Liszt vor, sondern bearbeitet Wagners Opernkompositionen für Klavier und wird auch deren Klavierauszüge erstellen. Ende April hat er Wagner schon den gerade instrumentierten Ersten Aufzug der »Walküre« auf dem Klavier »ungeheuer virtuos« vorgespielt, was den Komponisten rührt, obwohl der, da er während der Londoner Zeit fast ständig erkältet ist, dazu kaum singen, sondern nur krächzen kann.

HUNDEENDZEIT

Doch auch das Londoner »Martyrium« geht irgendwann dem Ende zu. Im fünften Konzert hat Wagner noch seine »Tannhäuser«-Ouvertüre dirigieren können, wonach ziemlich gut applaudiert worden sei, aber auch ein Zischen des Publikums zu hören war. »Im Übrigen sind diese Konzerte eine Strafe für mich«, teilt er seiner Frau mit, muss er doch Werke ins Programm aufnehmen, die ihm überhaupt nicht gefallen, gar eine Komposition seines größten Feindes Giacomo Meyerbeer, was dazu führt, dass er in seinem antisemitischen Ressentiment das Londoner Musikleben als von Juden geprägt bezeichnet und die Musikkritiker Anhänger Mendelssohns nennt.

Neben dem »lächerlichen Mendelssohn-Kultus« sei aber noch schlimmer für ihn, wie er Liszt mitteilt, dass er »ein englisches Konzertprogramm(!)« hat »abdirigieren müssen.« Als tiefe Schmach empfinde er, dass man ihm Partituren von englischen Komponisten ins Haus schicke, damit er den Takt dazu schlage. Eine Höllenmarter sei das, die in ihm eine Arbeitsunlust erzeuge. »Es ist mir, als ob mit ihr auch die ewige Nacht über mich hereinzöge: denn was habe ich noch in der Welt zu tun, wenn ich nicht arbeiten kann.« Sein Plan, die »Walküre« in London zu Ende zu instrumentieren und dann im Sommer den »Siegfried« zu komponieren, ist endgültig gescheitert. Darüber ist er verbittert.

»Es ist eine liebe Not mit mir,« antwortet er seinem Gönner Otto Wesendonck, der ihn zum Aushalten in London gedrängt hat, und weist darauf hin, wäre er nur Musiker, dann wäre das möglich; dass er aber auch etwas anderes, nämlich Komponist sei, mache, »dass er schwer in der Welt unterzubringen« sei. Eigentlich hätte die Welt dafür zu sorgen, dass er ungestört schaffen könne, die könne man aber bekanntlich nicht dazu zwingen. »So sind wir denn – die Welt und ich – zwei Starrköpfe gegeneinander, von denen natürlich der mit dem dünneren Schädel eingeschlagen werden muss – wovon ich wahrscheinlich meine nervösen Kopfschmerzen habe.« Wesendonck habe sich mit seinem »vortrefflichsten Willen« zwischen ihn und die Welt gestellt, um die »Stöße abzuschwächen.«

Doch eigentlich sucht Wagner einen Gönner, der als Welt dafür sorgt, dass er gänzlich ungestört von der Außenwelt sein Werk schaffen kann. Er wird einen solchen finden. Vorerst gewährt Otto Wesendonck ihm von Zeit zu Zeit ein Darlehen und sorgt dafür, dass Wagner überleben kann.

»In Gedanken bin ich schon längst wieder aus England fort«, schreibt Wagner an seine Frau und wird einen Tag nach dem letzten, dem achten Konzert, London auf der Stelle verlassen. Als Geschenk für seine beiden Frauen in Zürich, für Minna und Mathilde, hat er schon einen Monat zuvor Londoner Spitzen für Krägen und Ärmel gekauft, was er seiner Frau auch mitteilt und ihre Eifersucht damit erneut anstacheln wird. Ein Ereignis aber wird die letzten Londoner Wochen noch prägen und ihn ein wenig versöhnlich stimmen. Das siebte Konzert soll von Königin Victoria besucht werden. Ihr Gatte Prinz Albert hat sich ein Werk Wagners auf dem Programm gewünscht, die »Tannhäuser«-Ouvertüre. Wagner hat für das Event nicht nur eine weiße Krawatte gekauft, sondern kleidet sich mit seinem Zürcher Frack und weißen Handschuhen, die jeder Dirigent in London zu tragen hat. Nachdem Wagner das Konzert mit der Ouvertüre eines englischen Komponisten, George Macfarren, eröffnet hat, dirigiert er Mozarts Jupiter-Sinfonie und zwei Opernarien von Louis Spohr und

Carl Maria von Weber. Seine »Tannhäuser«-Ouvertüre beschließt den ersten Teil des Konzerts. Die Königin und Prinz Albert applaudieren königlich, dann das übrige Publikum, lebhaft und andauernd. Die Queen lässt Wagner in ihren Salon rufen. »Ihre Komposition hat mich entzückt«, sagt sie ihm voll Anerkennung und fragt, ob man seine Opern nicht ins Italienische übersetzen könne, damit sie in London aufgeführt werden. Wagner ist irritiert, dann aber kommt es zu einem zwanglosen Gespräch, wobei sich die Hoheit auch nach dem Gesundheitszustand von Peps, Wagners Hund, erkundigt, der, wie er ihr sagen muss, zu Hause in Zürich stark lahmt. Wagner ist gerührt, und wird von nun an Victoria I. gegenüber seinen Freunden »meine kleine Königin« nennen. Zugleich ist er, wie er diesen auch mitteilt, amüsiert darüber, dass eine Königin sich mit einem in Deutschland steckbrieflich gesuchten Hochverräter unterhalten habe, was in Sachsen sicher Aufsehen errege. Wagner birst vor Stolz, von der Queen empfangen und belobigt worden zu sein, was in Zürich die Runde macht und von der dortigen Presse auch berichtet wird. Die Londoner Presse hingegen, so die »Times«, nennt seine Musik weiter »so much incessant noise, so uninterrupted and singular exhibition of pure cacophony was never heard before«, was Wagner zu der Bemerkung veranlasst: »Ich habe andre Dinge zu schaffen, als den Eseln Sinfonien und Konzertarien zu dirigieren.«

Wagners letztes Londoner Konzert, in dem er kein eigenes Werk dirigiert und neben Beethovens Vierter Sinfonie auch den ihm verhassten Meyerbeer und Mendelssohn aufführen muss, wird zu einem Triumph. »Es war eine ungeheure Demonstration gegen die Times und die andren Kritiker«, denn sowohl das Orchester als auch das Publikum huldigen Wagner mit nicht enden wollendem Beifall. Danach feiert er bei Champagnerbowle mit seinen Freunden Abschied, mit Prägers, mit Sainton, Lüders und Klindworth, zu denen sich Hector Berlioz samt seiner Frau gesellt, der im Juli zwei Konzerte in London zu dirigieren hat. Mit dem französischen Komponisten entsteht in diesen späten Stunden eine innige Freundschaft, sieht er ihn doch als Leidensgefährten an. Noch in der Nacht packt Richard Wagner seine Koffer und verschwindet am nächsten Morgen aus London. »Die verfluchte Hundezeit« hat ein Ende gefunden.

DORNEN DES DASEINS

Das Jahr 1855 war schon gut zur Hälfte vorüber gegangen, als Richard Wagner am 3o. Juni nach Zürich zurückkehrte. Die Londoner Monate waren eine verlorene Zeit für ihn. Doch wie würde das Jahr weitergehen? Er will die »Walküre« zu Ende instrumentieren und mit der Kompositionsskizze zum »Siegfried«, dem zweiten Teil des »Ring des Nibelungen«, beginnen. »Dies London hat sich mir das ganze Jahr fortgesetzt«, resümiert er gegenüber Julie Ritter am 29. Dezember zum Jahresende. Wenige Tage nach seiner Rückkehr war sein geliebter Hund Peps gestorben, der ihm dreizehn Jahre lang die Treue gehalten hatte. Obwohl Mathilde Wesendonck ihm bald den Verlust ersetzte, indem sie ihm Fips schenkte, konnte ihn dieser neue Gefährte kaum über den Verlust des alten hinwegtrösten. Im Laufe des Herbstes kam es dann zu einem heftigen Streit mit Wesendoncks, nachdem Mathilde ihren Sohn Guido geboren hatte. Wagner wurde schwer krank, die Gesichtsrose, an der er schon vor Jahren gelitten hatte, suchte ihn erneut heim, sodass er die »Walküre« nicht beenden konnte. Zynisch fährt er in seinem Rapport an Julie Ritter fort: »Da haben Sie ein reiches Jahr aus einem reichen Leben, das nur das Gute hat, mich von neuem darüber aufgeklärt zu haben, dass das Leben eben nur dazu da ist, es überdrüssig zu werden.«

Dabei hatte die erste Woche nach der Rückkehr aus London angenehm begonnen. Wagner faulenzte. Ließ sich von seiner Frau verwöhnen. Sah die Zürcher Freunde wieder. Und die Wesendoncks. Auch Mathilde, die indes hochschwanger und kränklich war. Minna hatte ihm eine herrliche Hausjacke angefertigt und »wundervolle seidene Haussommerhosen«, wie er Präger nach London meldete. »In denen wälze ich mich von einem Kanapee zum andren – und sehne mich nach Arbeit.« In wenigen Tagen wollte er in sein Paradies nach Seelisberg aufbrechen mit Hund, Papagei und Minna. Da stirbt der schon lahme Hund, die Abreise muss verschoben werden, voller Trauer begräbt Wagner seinen Peps im Garten des Hauses. Ein Abendessen bei den Wesendoncks sagt er deshalb ab. »Gewiss lachen Sie mich nicht aus, wenn ich weine?« fragt er Mathilde in einem Billet. Und gegenüber Präger stellt er wegen der Trauer und des Schmerzes um Peps gar

Mathilde Wesendonck mit ihrem Sohn Guido.
Pastellbild von Ernst Benedikt Kietz,
Dezember 1856

Schopenhauer in Frage, denn die Trauer um den realen Hund habe ihn deutlich darüber belehrt, dass die Welt in unserem Herzen und unserer Anschauung doch existiere. Einige Tage später als vorgesehen bricht die Restfamilie Wagner dann nur noch zu dritt zur Molkenkur nach Seelisberg auf. Der Sommer hat traurig begonnen. Und in Seelisberg regnet es wochenlang, wie in London, stellt Wagner fest. Aus der Sommerfrische bittet er Franz Liszt dringend, im Herbst oder kommenden Winter nach Zürich zu kommen, er braucht Beistand, und lockt ihn gar her mit Mathilde. »Suchen wir das Glück nach Möglichkeit zu steigern und zu genießen: Ich glaube, dass die Gesellschaft unserer Freundin das vermag.« Zuvor hat er Liszt ein weiteres Mal, wenn auch in resignativem Ton, bestätigt, wie sehr er sie, obwohl sie von ihrem Mann schwanger ist, liebt und braucht: »Sie ist – alles in allem – meine einzige Ressource hier.«

Mitte August kehren die Wagners nach Zürich zurück. Der Aufenthalt in Seelisberg hat ihm nicht die notwendige Ruhe gegeben, um weiter an der »Walküre« zu arbeiten, zumal er feststellt, dass der Zweite Akt zum einen zu viele Höhepunkte in der Erzählung besitze, zum anderen soviel Leid darstelle, dass man immer an das eigene Lebensleid erinnert werde. Zugleich sehnt er sich nach Ruhe, plant, ein Sommerhaus bei Brunnen zu erwerben, um dort in Abgeschiedenheit den »Ring« zu Ende zu komponieren, visioniert, auf dem Vierwaldstättersee, möglicherweise gar auf einem Floß, ein Festspielhaus zu errichten, wo sein »Ring« aufgeführt werden könne.

Doch die Arbeit an der »Walküre« stockt weiter. »Meine innere Verstimmung ist unbeschreiblich; oft starre ich tagelang auf das Notenpapier hin und finde keine Erinnerung, kein Gedächtnis, keinen Sinn für meine Arbeit mehr«, klagt er Liszt Anfang September. Wenige Tage später wird Mathilde Wesendonck von einen Sohn entbunden, Guido soll er heißen. Otto Wesendonck bittet Wagner, Pate zu sein. Er lehnt ab. Das bringe Unglück, gibt er vor. Das verstimmt Wesendonck, und er wirft Wagner eine Zurückhaltung vor, die mit einer Freundschaft nicht zu vereinbaren sei.

Dabei hat Wagner kurze Zeit zuvor mit Freuden akzeptiert, die Patenschaft des Sohnes von Ferdinand und Léonie Präger in London zu übernehmen. Das bringt kein Unglück. Sie nennen ihren Sohn Richard. Das schmeichelt Wagner.

Die Verstimmung zwischen Wagner und den Wesendoncks nimmt zu in den Herbstmonaten des Jahres. »Üble launenhafte Stimmung namentlich gegen die Familie Wesend.«, notiert Wagner und ist befremdet von der unverminderten Nähe der beiden zueinander. Andererseits geht es um Wagners Unfähigkeit, mit Geld umzugehen, was Wesendonck häufig erzürnt. Über Sulzer zahlt der ihm eine monatliche Zuwendung aus, wobei alle Einnahmen, die Wagner aus den Aufführungen in Deutschland erzielt und selbst die in London ersparten tausend Franken an Sulzer gehen, weshalb Wagner den Freund seinen Vormund nennt. Aber wo es um Geld geht, entstehen Spannungen und Missstimmungen. Unverständnis zeigt der Amerikafreund Wesendonck auch, dass Wagner ein lukratives Angebot aus New York und Boston ablehnt, dort in den Wintermonaten Konzerte zu dirigieren. Zwar ist der geschmeichelt, meint aber, er könne – auch im Licht der Londoner Erfahrung – seine besten Lebenskräfte nicht für ein solch elendes Ziel opfern, nennt Amerika einen »fürchterlichen Cauchemar.« *Alpdruck* Er weiß, nähme er das Angebot an, so würde die Vollendung des »Ring« nicht nur warten müssen, sondern womöglich ganz scheitern. Außerdem besteht er auf dem Standpunkt: »Es ist nicht meine Sache, Geld zu verdienen, aber es wäre die Sache meiner Verehrer, mir soviel Geld zu geben, als ich brauchte, um in guter Laune etwas Rechtes zu schaffen«, eben seinen »Ring«. Dabei meint er vor allem Otto Wesendonck, der ihm zwar geneigt aber eben doch ein wirklicher Kaufmann sei, der nach seiner Rendite schielc. Wagners Ansinnen, man müsse ihn grundsätzlich und immer alimentieren, will aber Otto Wesendonck nicht akzeptieren, und so ergibt sich Streit.

Zudem verlässt Otto Wesendonck mit Mathilde und den beiden Kindern im Herbst Zürich für einige Wochen, macht sich nach Paris auf. Dort findet nach der ersten Weltausstellung, die sieben Jahre zuvor in London veranstaltet worden war, die zweite »Exposition Universelle« auf dem Champ de Mars statt. Der eigens dafür errichtete »Palais de l'Industrie« stellt nicht nur die von der industriellen Revolution hervorgebrachten Neuheiten zur Schau, er ist ebenso Treffpunkt für Industrielle und Geschäftsleute aus aller Welt. Otto Wesendonck ist natürlich zugegen. Während er sich dort mit seinesgleichen bespricht, hält sich Mathilde mit den beiden Kindern im Hotel auf und sieht sich in den Geschäften und Ateliers der Metropole nach Dingen für die Innenausstattung ihrer Villa um, bestellt Vorhänge, Gobelins, Teppiche und Möbel. Sie berichtet Minna Wagner von ihren Einkäufen, die so erschöpfend seien, dass sie so etwas nicht ein zweites Mal unternehmen würde, zumal die Kinder krank seien. »Walhall« will Wesendonck sein Domizil über dem Zürichsee nennen, Wagner aber hat »Wesenheim« vorgeschlagen, während Mathilde »Wahlheim« vorzieht.

Der Streit mit den Wesendoncks, ihre zeitweilige Abwesenheit, besonders die von Mathilde, zermürben Wagner, wie auch sein Ärger über die eigene Unlust und Unfähigkeit, die »Walküre« zu Ende zu bringen. Richard Wagner erkrankt an der Gesichtsrose, die den »Dornen meines Daseins« entblüht sei, poetisiert er noch, was ihn über Monate hinweg quälen und ans Bett fesseln wird, und nicht nur in diesem Jahr 1855. Allem Unbill zum Trotz wird er im nächsten März die Partiturerstschrift der »Walküre« vollenden. Doch dann kommt es zu einem Eklat mit Otto und Mathilde Wesendonck.

GÖNNERKRÄNKUNG

Den Jahreswechsel feierten die Wesendoncks mit den Wagners im »Baur au Lac«, bei Champagner. Wenig später erwähnte Mathilde Wesendonck in einem Brief an Minna Wagner erstmals, sie könne mit ihrem Mann doch auf ihr zukünftiges Anwesen ziehen, da sich Wagner häufig darüber beschwert hatte, dass es am Zeltweg wegen der musizierenden Nachbarn zu laut sei, was ihn beim Komponieren störe. Otto Wesendonck hatte nämlich vor, das Nachbargrundstück neben seiner Villa ebenfalls zu erwerben, auf dem bereits ein Haus stand. Seine Frau und er waren nach Jahren im Seehotel dazu entschlossen, sich fest in Zürich niederzulassen, denn nach Deutschland wollten sie wegen der politischen Verhältnisse nicht zurück.

Zürich war allerdings in den fünfziger Jahren des Jahrhunderts noch eine provinzielle Stadt, was die Infrastruktur als auch das gesellschaftliche Leben und die Künste betraf. Nur 17 000 Einwohner zählte damals die Stadt und besaß noch nicht einmal eine Straßenbeleuchtung, die Gassen waren je nach Wetter voller Staub oder Schlamm, ein Abwässersystem fehlte völlig, eine »Kloakenreform« sollte es erst in den sechziger Jahren geben. Die Kunstgenüsse nannte Minna Wagner, die aus Dresden Besseres gewöhnt war, wahrhaft lächerlich. Das Theater hatte kein festes Ensemble, und die beiden kleinen Orchester des Theaters und der Musikgesellschaft mussten zu Konzerten immer ergänzt werden entweder mit musizierenden Dilettanten oder Musikern aus nah und fern. Allein das »Baur au Lac« verlieh Zürich ein wenig weltstädtischen Glanz, und das daneben liegende Postkutschenzentrum verschaffte immerhin eine Illusion von Großstadt. Dennoch sollte die Stadt den Wesendoncks Heimat werden, aber zugleich Ausgangspunkt sein für ein kosmopolitisches Leben, das Otto Wesendonck so sehr schätzte, und vor allem für seine Reisen in die Weltmetropolen Paris, London, New York und ins nahe Italien. Darüber hinaus schwebte ihm und vor allem seiner Frau vor, aus ihrer Villa ein Künstlerhaus zu machen, in dessen Salon sie Musiker, Dichter und Maler einladen konnten. Zudem erwarb Wesendonck im Laufe der Jahre eine bedeutende Kunstsammlung mit Werken holländischer und italienischer Maler. Zu all dem würde es gut passen, wenn sie den in ihren Augen bedeutendsten Komponisten der Zeit als Dauernachbarn hätten.

Auf Vermittlung des Hotelbesitzers Johannes Baur hatte Wesendonck das Wismarische Gut in der Gemeinde Enge vor den Toren der Stadt gekauft und vom Architekten Leonhard Zeugheer eine Villa mit Blick über den See errichten lassen. Schon im August 1855 konnte das Richtfest gefeiert werden. Der Innenausbau zog sich hingegen noch knapp zwei Jahre hin, bevor die Familie mit ihrer Dienerschaft in die Villa einziehen konnte.

Schon im Oktober hatte Richard Wagner mit Hinweis auf seinen Gesundheitszustand es abgelehnt, weitere Konzerte für die Allgemeine Musikgesellschaft zu geben. In demselben Monat Januar des Jahres 1856, als Mathilde Wesendonck die Möglichkeit kundtat, Minna

Wagner könne mit ihrem Mann auf ihr Enger Anwesen ziehen, lehnte der auch die Leitung des Zürcher Mozartfests zum 100. Geburtstag des Komponisten ab, und das nicht nur aus gesundheitlichen Gründen, sondern weil Wagner an den ungenügenden Bedingungen verzweifelte, die eine künstlerisch adäquate Aufführung von Mozarts »Requiem« und seines »Don Giovanni« unmöglich machten. Daraufhin wurde ihm in der deutschen und schweizerischen Presse vorgeworfen, er hege eine Abneigung gegen Mozart, wogegen er sich sowohl in einer Erklärung an die Musikgesellschaft als auch gegenüber den Einwohnern von Zürich verwahrte und dabei wieder seine Kränklichkeit als Grund, aber auch die ungenügenden Vorraussetzungen anführte. Der eigentliche Grund war jedoch, dass er grundsätzlich nicht mehr dirigieren, sondern nur noch komponieren wollte.

In den ersten Monaten des Jahres komponiert Wagner fiebrig am letzten Akt der »Walküre«, teilt dazu Präger in London mit, in ihm drücke sich »ein solcher Superlativ von Leid, Schmerz und Verzweiflung aus, dass die Musik dazu mich notwendig angreifen musste«, und schließt dann: »Ich könnte so etwas ähnliches nicht wieder zu Ende bringen. Wenn es fertig ist, nimmt sich, als Kunstwerk, dann vieles natürlich ganz anders aus und kann selbst da erfreuen, wo eigentlich nur die reine Verzweiflung schöpferisch war.«

Am 20. März dieses Jahres 1856 ist es vollbracht, Wagner hat die Komposition der »Walküre«, die ihm soviel Mühsal bereitet hat, vollendet. Liszt schreibt er zum letzten Akt: »Er ist geraten; wahrscheinlich das Beste, was ich noch geschrieben. Ein furchtbarer Sturm – der Elemente und der Herzen –, der sich allmählich bis zum Wunderschlaf Brünhildes besänftigt.«

Als am Abend dieses Tages Otto und Mathilde Wesendonck im Hause Wagner erscheinen, um ihn zu beglückwünschen, kommt es zum Eklat. »Ich äußerte mich bei dieser Gelegenheit so ungemein bitter über diese Art von Anteil an meinen Arbeiten, dass die armen gepeinigten Besucher in völliger Bestürzung plötzlich aufbrachen«, wird Wagner selbst dazu notieren. Hintergrund dieses Eklats war das Finanzregiment, das Wesendonck zusammen mit Sulzer Wagner auferlegte, indem er ihm nur ein Jahresbudget von 2000 Franken in Monatsraten auszahlen ließ. Wagner hatte schon mehrfach um eine Erhöhung auf 3000 Franken gebeten, aber von Wesendonck keine Antwort erhalten. Als Wesendoncks den Komponisten unmittelbar nach Vollendung der Oper aufsuchen, ist der in einer Situation, in der sich Glück und Erschöpfung paaren. Wagner ist seiner Emotionen nicht mehr Herr, zusätzlich dadurch gereizt, dass er bei jeder Erhitzung des Gemüts einen erneuten Ausbruch der Gesichtsrose fürchtet. So wirft er Wesendonck vor, statt ihm zu gratulieren, täte er besser daran, ihn großzügiger zu unterstützen, kränkt seinen Gönner aufs Heftigste und die geliebte Frau gleich mit, was er umgehend bereut. Doch erst einmal ist der Bruch mit ihnen da. In den folgenden Wochen bemüht sich Wagner um Wiedergutmachung. In einem Brief an Sulzer bittet er diesen, ja nicht mehr mit Wesendonck über die Erhöhung seines Budgets zu reden. Er wolle mit der bisherigen Summe auskommen und fragt stattdessen Liszt, ob er ihm tausend Franken geben könne, was der auch für die nahe Zukunft verspricht. Wagner wird Wesendonck hingegen in einem Brief um Entschuldigung bitten, nennt ihn gar Liebster, und der nimmt in seinem Großmut das Pardon an.

Am Samstag, dem 26. April, kommt es in Wagners Wohnung am Zeltweg zu einer Aufführung des Ersten Aktes der »Walküre«. Emilie Heim spielt und singt die Sieglinde, der Komponist selbst Siegmund und Hunding, am Klavier sitzt Theodor Kirchner, ein im nahen Winterthur lebender deutscher Pianist und Komponist, der wenige Jahre nur jünger als Wagner ist, ein Liebling der Frauen. Unter den Zuhörern befinden sich auch die Wesendoncks, und vor allem Mathilde ist gerührt, hat sie doch der Komposition des Ersten Aktes hautnah beigewohnt und erinnert sich nun an die versteckten chiffrierten Liebeserklärungen in der Kompositionsskizze. Sie ist hocherregt, als die Passagen der Oper gespielt werden, in denen diese versteckt waren und die nur sie allein kennt, während die anderen Frauen und ihr Mann ahnungslos der Musik lauschen. Doch diese heimliche und vertraute Nähe vom Vorjahr zwischen Wagner und ihr gibt es nun nicht mehr, die gegenseitigen Verstimmungen waren zu groß, und die unvorhersehbaren Grobheiten seitens Wagner haben Distanz geschaffen. Doch Otto Wesendonck ist derart begeistert von der Komposition, dass er erwägt, Wagners Apanage nun doch zu erhöhen.

Wagner sieht sich vor lauter Erschöpfung außerstande, wie geplant, sofort mit dem »Ring« fortzufahren und den »Siegfried« zu komponieren, entwirft stattdessen eine Prosaskizze zu einem Buddhadrama »Die Sieger«, legt das Projekt aber bald zur Seite, zumal Ende Mai die Gesichtsrose erneut ausbricht. Am 5. Juni reist er zu einer Wasserkur nach Mornex in Savoyen, Minna bleibt in Zürich zurück und schreibt einer Dresdener Freundin: »Seine Laune grenzte vollkommen an Verzweiflung, nichts konnte er unternehmen, kaum einen Spaziergang machen oder lebhaft sprechen.«

Aus Mornex berichtet er Otto Wesendonck von seinem Vorhaben, dem Leipziger Verlag Breitkopf & Härtel den gesamten »Ring« für 40 000 Franken zum Kauf anzubieten. Für die Summe wolle er ein eigenes Haus errichten, nennt es das »Haus-Erlösungs-Project«, ein Vorhaben, dem Wesendonck mit Misstrauen begegnet, das Wagner jedoch in einem weiteren Brief zerstreuen will. Gegenüber Mathilde indes erwähnt er den Wunsch, ein Landhaus in Seefeld bei Zürich zu mieten, und zwar wenn möglich auf Lebenszeit. Er bittet sie, bei der Vermieterin Frau Bodmer ein gutes Wort für ihn einzulegen und als Bürge aufzutreten. Sie möge die Hausbesitzerin bei der Eitelkeit packen, da es ihr doch zur Ehre gereiche, »wenn sie mir für meine weiteren Kunstschöpfungen ein förderndes Asyl« verschaffte. Frau Bodmer aber lehnt Wagner als Mieter ab, was den Komponisten demütigt und in eine tiefe Resignation stürzt, er verlange doch nur »eine Werkstatt und ungestörte Muße, drin zu arbeiten«, schreibt er Otto Wesendonck. Der begibt sich am 18. August nach Bern und trifft sich mit Wagner, der auf dem Rückweg von der Kur, die ihn erstaunlicherweise kuriert hat, dort Halt macht. Das Resultat des freundschaftlichen Gesprächs im Gasthaus »Faucon d'or«: Wesendonck stellt Wagner nun doch die finanziellen Mittel für ein eigenes Haus in Aussicht, ist darauf bedacht, den Künstlerfreund nicht zu verlieren und daher immer wieder bereit, ihm Geld zu verschaffen, so als kaufte er seine Freundschaft ein. Dafür dankt Wagner ihm in einem

Brief vom September, nachdem er kurz zuvor Mathilde in einem Brief schon »Allergetreueste Beschützerin der Künste« genannt hat. Wie früher die Fürsten den Künstlern die Möglichkeit gegeben hätten, ungestört von materiellen Sorgen ihr Werk zu schaffen, so preist Wagner nun den bürgerlichen Mäzen, wie ihn Wesendonck für Wagner darstellt, und wie er in der Tat einer der ersten von Bedeutung sein wird. »Sie wollen mir nun nach Kräften Fürsten ersetzen?«, fragt er scheinbar, um ihm sogleich die Freude des Mäzenatentums zu erklären, sei es doch sicher eine Wonne, den Künstler zu unterstützen und meint mit Künstler natürlich sich selbst, denn dann »dürften Sie, wenn ich je in der Geschichte der Kunst eine Rolle spielen sollte«, wovon er wie immer überzeugt ist, »wahrlich keine geringe Stelle ebenfalls einnehmen«, schmeichelt damit seinem Gönner und stellt zuletzt die eher rhetorische, nahezu provozierende, ein Ja erheischende Frage: »Haben Sie Lust, sich mit mir so hoch zu stellen?«

Kurz darauf reist Wesendonck mit Mathilde erneut nach Paris, woraufhin Wagner die beiden Vagabunden nennt: »Sich ein Haus bauen und dann fortlaufen. Lasst mich erst mein Haus haben: ich ziehe hinein, noch ehe das Dach gedeckt ist.« Ein eigenes Haus wird Wagner in naher Zukunft nicht besitzen, aber in nicht mal einem Jahr ein Asyl finden. Das noch nicht wissend, verfasst er ein Gelegenheitsgedicht an Mathilde, die er seit kurzem »Schwalbe« nennt. Es handelt vom gescheiterten Versuch, sich ein Eigenheim zu schaffen, schaffen zu lassen:

> Glückliche Schwalbe, willst du brüten,
> Dein eigenes Nest baust du dir aus,
> Will ich zum Brüten Ruh' mir hüten,
> Ich kann's nicht baun, das stille Haus.
> Das stille Haus von Holz und Stein –
> Ach, wer will meine Schwalbe sein?

BESCHWINGTER HERBST

Im September beginnt Wagner, obwohl er noch kein »stilles Haus aus Holz und Stein«, besitzt, endlich mit der Komposition des »Siegfried«, wie er es so lange schon heiß ersehnt hat. »Zwangvolle Plage! Müh' ohne Zweck!« sind Mimes erste Worte, als drücke er damit Wagners vorherrschende Stimmung der letzten Monate aus. Der fühlt sich verlassen in Zürich, wie immer wenn die Wesendoncks auf Reisen sind, schickt ihnen einen Brief nach Paris hinterher: »So ist mir denn Zürich nur noch ein rein geographischer Ort geblieben«, und erwägt die Stadt zu verlassen, hofft darauf, wie sein Freund Liszt an den Weimarer Hof gerufen zu werden. Dort weiß er in der Großherzogin Maria Paulowna eine Mäzenin, die das sogenannte Silberne Zeitalter nach dem Goldenen unter Herzogin Anna Amalia und ihrem Sohn Carl August geschaffen hat. Am Weimarer Hoftheater wurde auf Anregung von Liszt schon vor sieben Jahren zum Geburtstag der Großherzogin der »Tannhäuser« gegeben und ein Jahr später der »Lohengrin«, wozu die musikalische Welt in das abseitige kleine Weimar angereist war, gar Meyerbeer aus Paris. Liszt hat Weimar zu einer Metropole der Musik gemacht, da strebt Wagner immer wieder hin, doch er darf Deutschland ja nicht betreten, und der Haftbefehl gegen ihn ist wenige Monate zuvor erneuert worden. Also muss er weiterhin im Exil bleiben.

»Mein Leben ist ein Meer von Widersprüchen, aus dem ich wohl nur mit meinem Tode aufzutauchen hoffen darf«, fügt er im Brief an die Wesendoncks an, denn andererseits könne er das freundschaftliche Band, das sich mit ihnen geknüpft habe, nicht zerreißen. Schutz und Teilnahme in Freud und Leid erfahre er von ihnen, fragt indes auch ein Ja erheischend: »Aber – kann ich die ganze Last meines Daseins auf Sie wälzen?«

Der Herbst des Jahres wird indes zu einem Fest. Wagners Gemüt hellt sich auf, als sein engster Freund Franz Liszt in Zürich eintrifft. Es ist der 13. Oktober 1856. Seit langem hat Wagner ihn gebeten, ja angefleht, seiner inneren Einsamkeit ein Ende zu setzen, ihn zu besuchen. Kurze Zeit später kommen Liszts Lebensgefährtin Fürstin

Caroline von Sayn-Wittgenstein und deren Tochter Marie nach und nehmen Quartier im »Baur au Lac«.

Liszt spielt Wagner seine »Faust –« und die »Dante-Sinfonie« am Klavier vor, doch kurz vor dem Ende der Dantemusik ruft Wagner »Nein, nein, heraus damit!«, ist erschrocken über einen wie er meint pompösen Schluss. »Du hast recht«, antwortet Liszt und verspricht, ein anderes Finale zu komponieren. Wagner wiederum spielt ihm seine Ringkompositionen vor, doch er duldet Kritik nicht. Mit dem Eintreffen von Liszts Lebensgefährtin ist das »Baur au Lac« plötzlich zum Ort von Welt geworden. »Es war, als ob Zürich mit einem Male eine Art von Weltstadt geworden wäre«, notiert Wagner.

Neben den Wesendoncks, die rechtzeitig aus Paris zurückgekehrt sind, logieren nun auch Liszt und seine beiden fürstlichen Damen im Seehotel. Musiker aus nahen und entfernten Orten geben sich angezogen durch Liszt ein Stelldichein. Der Architekt Gottfried Semper, der seit kurzem an der Zürcher Universität lehrt, kommt hinzu und die anderen ansässigen Freunde sowieso. Wagner will der Mittelpunkt des illustren Kreises sein, brilliert als Dichter, trägt Passagen aus seinem Entwurf von »Tristan und Isolde« und aus seinem buddhistischen Drama »Die Sieger« vor.

Am 22. Oktober feiert man Liszts 45. Geburtstag, den die Fürstin Sayn-Wittgenstein im großen Salon des »Baur au Lac« mit Pomp vorbereitet hat. Liszt setzt sich an den Flügel und beginnt das Vorspiel aus der »Walküre«, dann singen und rezitieren Wagner selbst und Emilie Heim den Ersten Akt und eine Szene aus dem Zweiten, immer noch am Klavier von Liszt begleitet. Auf zwei Flügeln wird sodann dessen »Faust-Sinfonie« gespielt. Gegen Ende des folgenden festlichen Dîners kommt es zu einem Disput zwischen Mathilde Wesendonck und Franz Liszt, als sie auf den Dichter Heinrich Heine zu sprechen kommen. Liszt, der ja fünfundzwanzig Jahre zuvor in Paris eng mit ihm befreundet gewesen ist, lästert nun über Heine und verleumdet in Mathildes Augen dessen Dichtung. Daraufhin entgegnet sie fragend, ob er nicht glaube, Heines Dichtername würde dennoch im Tempel der Unsterblichkeit eingeschrieben sein. Umgehend antwortet Liszt: »Ja, aber mit Kot.« Alle erschrecken, und Mathilde stockt der Atem, verehrt sie doch Heine und liebt seine Gedichte über alles.

Abgesehen von diesem Vorfall sind die fünf herbstlichen Wochen ein ununterbrochenes Fest und Balsam auf Wagners verletzte Seele. Endlich hat er wieder ein enthusiastisches Publikum und zudem den einzigen Freund an seiner Seite. Mathilde ist immer zugegen und betört ihn durch ihre zarte Schönheit und die Klugheit ihrer Worte. Die Zürcher Wochen gehen dem Ende zu, und es fügen sich noch einige gemeinsame Tage in St. Gallen an. Das musikalisch gesellige Leben geht weiter, weniger glanzvoll indes als im »Baur au Lac«. Das bescheidenere St. Galler Hotel trägt den Namen »Zum Hecht«. Liszt und Wagner geben ein gemeinsames Konzert, zu dem auch die Zürcher Freunde angereist sind, nur die Wesendoncks bleiben zurück, da sie eine Reise nach Rom vorbereiten. Auf dem Konzertprogramm stehen von Liszt selbst geleitet seine Tondichtungen »Orpheus« und »Les Préludes«, die gar wiederholt werden müssen, sowie Beethovens »Eroica«, die Wagner dirigiert. »Ich habe jetzt keine Lust mehr zu Beethovens Sinfonien«, teilt er Wesendonck mit. »Ich habe sie fast bis zur Entleerung durchlebt.« Seine grundsätzliche Abneigung gegen das Dirigieren hat ein solches Ausmaß angenommen, dass er schon während des Konzerts Fieber bekommen hat.

Wenige Tage später feiert man am 24. November Richards und Minnas zwanzigsten Hochzeitstag. Sie ist nach St. Gallen nachgekommen. Jemand spielt auf dem Piano den Brautzug aus dem »Lohengrin«, die gesamte Gesellschaft erhebt sich und tanzt eine Polonaise durch die Gänge und Zimmer des Hotels. Der nächste Hochzeitstag wird unter völlig anderen Bedingungen stattfinden, doch das weiß noch niemand, mancher wird es ahnen, denn die Nähe zwischen Wagner und Mathilde ist wie der Dauerstreit zwischen ihm und Minna kein Geheimnis mehr. Und Liszt ist von Wagner in die Liebe eingeweiht. Der beschwingte Herbst nimmt ein Ende, als Wagner seinen Freund und dessen Damen nach Rorschach begleitet, wo diese den Bodenseedampfer nehmen und über München nach Weimar zurückkehren.

Um Wesendoncks Gunst wieder zu gewinnen, dem die grobe, unbeherrschte Art Wagners häufig missfallen hat, teilt er ihm noch mit, er sei durch die Herzensgüte der beiden fürstlichen Damen »zu größerer Milde und Beherrschung meiner so sehr reizbaren Empfindung gestimmt worden«. Frohgemut reist Wagner nach Zürich zurück und begibt sich dort an die Komposition des »Siegfried«, in die sich ununterbrochen Gedanken an »Tristan und Isolde« einmischen, dem Stoff, der ihn nun immer mehr beschäftigt, denn er wird ihn noch enger an Mathilde Wesendonck binden.

Mathilde Wesendonck. Kopie von Fritz Hass
nach dem Gemälde von Johann Conrad Dorner, 1860

ZWEITER AKT
Im Treibhaus

DAS JAHR DER LIEBE kann beginnen. Ende April wird Wagner das Haus auf dem Anwesen der Wesendoncks beziehen, nennt es »Asyl«. Endlich wird er ein Heim haben, das ihm Seelenfrieden geben kann, endlich wird er seiner großen Liebe nah sein können. Doch die Wesendoncks weilen noch in Rom, wo Mathilde, die häufig kränklich ist, unter den milden Lüften Italiens genesen soll. Wagner hat Angst, ohne seinen Gönner und Beschützer zu sein. Die politische Lage der Schweizer Eidgenossenschaft ist explosiv, denn im Kanton Neuenburg, einem einstmals preußischen Gebiet, haben Royalisten 1856 einen Putschversuch zur Restauration der königlich preußischen Herrschaft angezettelt, und nun droht wegen der Eskalation dieses Konflikts ein Einmarsch preußischer Truppen in die Schweiz. Wagner sinniert: »Vielleicht muss ich – als politischer Flüchtling – mich selbst bald von hier fortmachen; wahrscheinlich nach Frankreich.« Aber die Kriegsgefahr zieht schnell vorüber, und die Wesendoncks kehren auch nach Zürich zurück. Noch wohnen sie in ihrer Suite im »Baur au Lac«, denn die Inneneinrichtung der Villa über dem See, zu der sie Stukkateure und Tapezierer aus Paris geholt haben, zieht sich hin und fällt oft nicht zu ihrer Zufriedenheit aus, sodass sie das Haus erst vier Monate später beziehen können.

Im Januar des Jahres hat Otto Wesendonck dem Freund mitgeteilt, dass er das seinem Anwesen angrenzende Grundstück mit Sommerhaus erworben hat und ihm zur Verfügung stellen will. Überschwänglich ist Wagners Dank: »Liebster, ich habe so etwas noch nicht erlebt. Eine so gründlich fördernde Macht der Freundschaft ist eben noch nie in mein Leben getreten ... Wie mit einem Zauberschlage ist plötzlich alles um mich her anders. Alles Schwanken hat ein Ende: Ich weiß, wo ich nun hingehöre.« Und wie im leidenschaftlichen Furioso eines Musikstückes: »O Kinder! Ihr sollt dafür mit mir zufrieden sein – gewiss, das sollt ihr! – Denn für dieses Leben – gehöre ich Euch.«

Wesendonck hatte allerdings einige Zeit gezögert, Wagner das Haus anzubieten, denn er fürchtete dessen dauernde Nähe, da er ihn längst als schwierigen, bisweilen grob verletzenden Menschen kennt und man sich gegen ihn nur schwerlich abschirmen kann. Zum anderen sah er die Verehrung Wagners durch seine Frau manches Mal mit Argwohn, war ihm doch nicht verborgen geblieben, dass die Nähe der beiden an Liebe grenzte. Aber Mathilde drängte ihn, der Familie Wagner das Haus zu überlassen, schlug sich dabei geschickt auf die Seite von Minna Wagner, obwohl sie mit ihr auch manche Auseinandersetzung hatte, was das Werk Richard Wagners betraf. In einem Brief an Minna gab sie der Hoffnung Wort, das kleine Haus möge ein wirkliches Asyl von Frieden und Freundschaft sein, ein heiliger Ort inmitten einer Welt, die von Neid, Hass und Eifersucht regiert werde. Nur Güte und Liebe sollten es bewohnen. Eine Beschwörung, die nicht fruchten wird.

Schließlich hatte Wesendonck trotz seiner Bedenken das Haus an Wagner übergeben, nachdem er das Grundstück für einen völlig überhöhten Preis gekauft hatte, da der den Nervenarzt Ludwig Binswanger überbieten musste. Dieser hatte den Grund erwerben wollen, um dort eine Klinik für geistig gestörte Menschen einzurichten. Geisteskranke wollte Wesendonck indes nicht als zukünftige Nachbarn haben, dann doch lieber Wagner. Er überließ es ihm auf Lebenszeit, nicht unentgeltlich, sondern zu derselben Miete von achthundert Franken, die der Komponist bisher in den Escherhäusern zahlte. Die Herrichtung des »Asyls« kostete die Familie Wagner einige Mühe, war es doch eigentlich nur ein Sommerhaus, sodass Kamine für eine Luftheizung eingebaut werden mussten nebst anderen Bequemlich-[aus dauernd]keiten. Darüber kam es »bei der perennierenden Meinungsdifferenz zwischen mir und meiner Frau« zum Streit über alles und jedes, was zu einem bürgerlichen Haushalt zu gehören habe. Da das Haus nicht termingerecht fertig wurde, sie die Escherhauswohnung aber schon aufgegeben hatten, logierte das Ehepaar Wagner eine Woche lang im »Baur au Lac«. Wesendonck beglich die Rechnung.

Am Karfreitag, so besagt seine eigene Legende, nimmt Wagner Platz auf der Terrasse des noch nicht bezugsfertigen Hauses; nach wochenlangen Regentagen ist endlich Frühling. Die Sonne scheint. Da fällt ihm die Mahnung Parsifals an Karfreitag ein. In Hast konzipiert er die drei Akte seiner Dichtung des »Parsifal« und nimmt das als ein gutes Omen für die Zukunft im »Asyl«. So angespornt will er in seinem neuen Zuhause mit der Komposition des Zweiten Aufzugs des »Siegfried«, beginnen, doch gelingt es ihm nicht, denn etwas fehlt noch im »Asyl«, das er am 28. April endlich bezogen hat. »Und meine liebe Muse bleibt mir noch fern?« drängt er fragend Mathilde Anfang Mai. »Schweigend harrte ich ihres Besuches; durch Bitten wollte ich sie nicht beunruhigen.« Und nun folgt kaum versteckt die Liebeserklärung: »Denn die Muse, wie die Liebe, beglückt nur freiwillig. Wehe dem Toren, wehe dem Lieblosen, der, was sich freiwillig ihm nicht ergibt, mit Gewalt erzwingen will! Sie lassen sich nicht zwingen. Nicht wahr? Nicht wahr? Wie könnte die Liebe noch Muse sein, ließe sie sich zwingen?« Und noch einmal drängend: »Und meine liebe Muse bleibt mir fern?«

Mathilde hatte am 18. April wiederum einen Sohn geboren, den sie Karl nennen wird. Erst am 21. Mai kündigte Mathilde ihren Besuch im »Asyl« für den folgenden Tag an, sofort fand Wagner, so gab er ihr in einem Billet zumindest vor, die Melodie für Fafners Ruh im »Siegfried«, der er ein humoristisch gemütliches Moment abgewinne. »Das sollen Sie alles näher erfahren, wenn morgen die Schwalbe kommt, um ihren Bau zu besichtigen.« Sie kam am nächsten Nachmittag, hörte die Melodie zu Fafners Ruh, sah ihn am Flügel in seinem neuen Heim. Nachdem seine Muse wieder gegangen war, begann Wagner umgehend mit der Kompositionsskizze zum Zweiten Akt des »Siegfried«.

Endlich kann er komponieren, die Muse ist allzeit nah, Ruhe hat er gefunden. Das »Asyl« ist ein Idyll. »Alles ist nach Wunsch hergerichtet und eingeräumt, elegant und gemütlich zugleich, Ruhe und Ungestörtheit umgibt mich«, kann er vermelden. Zweieinhalb Etagen besitzt das Haus am Hang. Das Erdgeschoss ist Minnas Domäne, sein Arbeitszimmer und das Musikzimmer befinden sich in der Etage darüber. Jede hat eine Veranda, die den Blick ins Grüne bis zum See und den Alpen freigibt. Ein gemeinsames Schlafzimmer mit Minna gibt es in diesem »Asyl« nicht mehr. Was Wagner so lange gesucht hat, das hat er nun dank der Wesendoncks gefunden. An Franz Liszt schreibt er: »Alles steht an seinem Platz, wo es bis an meinen Tod stehen soll«, und er pathetisiert noch weiter im Verlangen nach einem dauerhaften Domizil, wohinein auch die Vision spielt, nahe Mathilde oder gar in den Armen seiner Geliebten sterben zu können, die ja nur einen langen Kiesweg von ihm entfernt sein wird: »Das Bett, auf dem ich einmal verscheiden will, ist an der Stelle aufgeschlagen, von der man mich einst hinaustragen soll.« Pragmatisch fügt er hinzu, seine Frau habe nun auch viel zu tun, in Küche und Garten, wo sie Küchenkräuter zu säen gedenke, was den Vorteil habe, dass sie ihn dann nicht mehr dauernd mit ihren Grillen störe.

In diesem Ambiente kann Wagner auch empfangen und Feste geben. Zuerst besucht ihn für drei Tage der Freund aus Dresdener Tagen, Eduard Devrient, der mit seiner »Geschichte der deutschen Schauspielkunst«, bekannt geworden ist, die Wagner gelesen hat, und der ja nicht nur Schauspieler, sondern zugleich Direktor des Badischen Hoftheaters in Karlsruhe ist, wo er bereits den »Tannhäuser« und den »Lohengrin« aufgeführt hat. Wagner setzt für Aufführungen seines künftigen Werks, vor allem von »Tristan und Isolde«, viel Hoffnung auf ihn. Und um den badischen Hof für sich geneigt zu machen, hat er Tage zuvor der Großherzogin Luise schon das Albumblatt »Wotans Abschied« zugeeignet und zugesandt.

Devrient rezitiert auf einer Abendgesellschaft im »Asyl« Szenen aus Shakespeares »Julius Cäsar« und Goethes »Faust«, und Mathilde ist dabei, liebt sie doch Goethes Drama über alles. Devrient schildert sie als eine »zarte, für Höheres empfängliche und danach langende Frau«. Wagner habe ein fast beispielloses Glück, an solche Menschen wie die Wesendoncks geraten zu sein, die so viel für ihn täten. Doch bei alledem findet Devrient seinen Freund aus früheren Tagen ziemlich anstrengend, wundert sich auch über den Luxus, in dem der »Flüchtling« nun lebe.»Wagner spricht unendlich viel und unruhig, repetiert einzelne Wörter bis zur Pein ... wird immer unverständlicher, je mehr Worte er macht und so wird dem Zuhörer ganz schwindlig davon«, berichtet er seiner Frau und ist froh, dass er das »Asyl« nach drei Tagen wieder verlassen kann. »Mir war unheimlich im Wagnerschen Haus.« Am Abend zuvor hat Wagner ihm »Rheingold« in Gänze vorgespielt, gesungen und deklamiert.

Am 9. Juli hat der Hausherr des »Asyl« zum »Sulzerfest« eingeladen, dem Hochzeitstag seines Freundes Johann Jacob Sulzer. An ihm nimmt auch der Schriftsteller Gottfried Keller teil, der drei Jahre zuvor mit seinem Roman »Der grüne Heinrich«, berühmt geworden ist und vor einiger Zeit aus Berlin wieder in seine Geburtsstadt Zürich zurückgekehrt ist. Wesendoncks fehlen nicht unter den Gästen. Der Musiker Richard Pohl erhascht wie die anderen Eingeladenen die Blicke, die Mathilde und Wagner aufeinander werfen, und er stellt fest, während Minna blass, unscheinbar und vorzeitig gealtert erscheine, wirke die Wesendonck neben ihr wie das Idealbild weiblicher Anmut.

Mathilde selbst bemüht sich, jeden Verdacht Minnas zu zerstreuen, wendet sich ihr oft wie einer Freundin zu, bisweilen jedoch herablassend, was Minna kränkt. Eines Abends schwärmt Mathilde von der »Walküre«, an deren Komposition sie sich ja auch beteiligt fühlt, während Minna den »Rienzi« preist. Es kommt zu einer Kontroverse zwischen den beiden Frauen. Wagner vertraut Mathilde am Tag darauf an: »Ich habe viel Not im Hause, weil Sie gestern vom Rienzi despekticrlich gesprochen hätten.«

Doch Minna ist glücklich, jetzt ein angenehmes Heim zu besitzen mit einen großen Garten, in dem sie Blumen und Gemüse anpflanzen kann und sich um Fips und Jacquot kümmern kann, statt um ihren meist griesgrämigen Mann. Ihre Angst vor dem neuen Zuhause ist verflogen, die Eifersucht auf die Wesendonck scheint besänftigt, und so schreibt sie an eine Freundin: »Ich freue mich auf die Nachbarschaft recht sehr«, fügt an: »Die Frau Wesendonck hat doch wie gewiss wenig Weiber sehr solide Grundsätze, was nicht jedem recht ist.« Meint sie mit »jedem« etwa ihren Mann? »Außerdem glaube

99

ich, dass diese Frau mich wirklich liebt und achtet ... kurz ich bin über diesen Punkt vollkommen ruhig.«

Diese Ruhe sollte bald dahin sein. Ruhe wird in Minna nur noch einkehren, wenn es ihr gelingt, sich zu betäuben.

WAHLHEIM

Am 22. August 1857 ist es soweit. Die Wesendoncks nehmen von ihrer neuen Behausung endlich Besitz. Es ist kein Haus, keine Villa, in die sie einziehen, es ist ein Palast. Kein Anwesen, keine Villa in Zürich ist so groß und prächtig wie die ihre. Sie thront über dem weiten Zürichseebecken und ist dem Himmel nah.»Wahlheim«, nennt Mathilde Wesendonck das Domizil in Anspielung auf Goethes Briefroman »Werther«. »Die Lage an einem Hügel ist sehr interessant«, schreibt Werther über Wahlheim, das dem Himmel so nah liege, und verfällt dort seiner heftigen Liebe zu Lotte, die an einen anderen gebunden ist. Aber auch Goethes Roman »Die Wahlverwandtschaften« wird Mathilde in der Wahl des Namens »Wahlheim« für die Villa auf dem grünen Hügel bestimmt haben.

Der Architekt Leonhard Zeugheer hat bis dato schon einige Bauten für die Reichen von Zürich entworfen. Er errichtet die Wesendoncksche Villa im gemischten Stil der italienischen Renaissance und eines deutschen Klassizismus, wobei vor allem die Parkfassade italienischer Art ist. Hingegen verweisen Säulen und Pfeiler, mit denen die beiden Fassaden geschmückt sind, auf einen am alten Griechenland orientierten Klassizismus. Tritt man ein, öffnet sich ein schmaler Empfang, von dem es geradeaus in das Office, nach links in den Billardraum geht, rechts in den Küchen- und Dienstbotenbereich, hinter dem sich eine Orangerie und der Wintergarten anschließt, die eine Art Innenraumpark mit exotischen Pflanzen, vergleichbar einem Treibhaus, bilden. Auf der anderen Seite geht der Billardraum in den Speisesaal über, dahinter schließt sich die Bibliothek mit eingebautem Bücherschrank an. Hinter dem Office öffnet sich das Vestibül zum Salon, an dessen Ende drei Türen zur Loggia, deren Decken mit Grotesken bemalt sind. Seitwärts führen einige Stufen hinauf in das Boudoir der Madame Wesendonck. Das Treppenhaus in rosa- und ockerfarbenem Marmor wird von seitlichem Oberlicht erhellt, was ihm zwar einen warmen Ton gibt, aber bisweilen auch je nach Lichteinfall ein dramatisierendes Lichtspiel erzeugt. Steigt man die Stufen empor, gelangt man in die Privaträume. Das Zimmer des Herrn und das der Dame – Wesendoncks führen mit dem Umzug in ihre Villa getrennte Schlafzimmer – werden durch das Badezimmer voneinander getrennt. Dieser so genannte gefangene Raum in der ersten Etage stellt einen besonderen Luxus dar, war ein Badezimmer, wenn überhaupt, damals doch sonst nur im Erdgeschoss zu finden. Neben den Kinderzimmern, die seltsamerweise neben dem Zimmer des Herrn liegen, und den drei Gästezimmern, die auf der gegenüberliegenden Seite des Geschosses eingerichtet sind, gibt es auch hier einen Salon, der sich zur oberen Loggia öffnet. Das ganze Haus muss man sich mit den edelsten Vorhängen, Tapeten, Marmorkaminen, Möbeln, antikisierenden Marmorbüsten und Kronleuchtern ausgestattet vorstellen, eine Orgie in Luxus. Hinzu kommt der riesige Park, der von dem Lennéschüler Theodor Fröbel gestaltet worden ist, der zuvor in den königlich preußischen Parks von Sanssouci tätig gewesen war, bevor er sich in Zürich als selbstständiger Gartenbaumeister niederließ.

»Die Einrichtung ist königlich«, berichtet Minna Wagner aus dem bürgerlichen Zürich ins königliche Dresden, nachdem sie ein erstes Mal, natürlich in Begleitung ihres Mannes, ehrfurchtsvoll den Palast betreten hat, zu welchem Anlass ihr Wagner zwei neue Kleider geschenkt hatte, damit sie im dortigen Prunk sich nicht so ärmlich ausnehme.

Otto Wesendonck wollte hier entgegen seiner calvinistischen Erziehung seinen Reichtum präsentieren, Mathilde einen bürgerlichen Musenhof führen, wie einst Herzogin Anna Amalia in Weimar, mit Wagner als Mittelpunkt, der auch andere Künstler anziehen würde. Diese Hofhaltung Mathilde Wesendoncks erregt natürlicherweise Neid und Klatsch der Zürcher Damen, die sich ihre Gedanken darüber machen, was da auf dem Hügel vor der Stadt wohl so geschehe, wissen doch alle, wie es um die Ehe Wagners bestellt ist, und wie nah sich er und die Wesendonck sind, zumal der Hausherr aus geschäftlichen

Gründen viel unterwegs ist. Neben Emma Herwegh, die einen von Künstlern und politischen Emigranten besuchten Salon führt, steht die Sängerin Emilie Heim an der Spitze der Klatsch- und Tratschgemeinde, hat sie doch auch ein begehrliches Auge auf den Komponisten geworfen, dessen Musik sie ja gelegentlich schon ihre Stimme geliehen hat. Doch Mathilde Wesendonck kümmert sich nicht mehr um das Gerede, bleibt zumeist auf ihrem Hügel und genießt das neue Leben im eigenen Luxus und ist erfreut über die Nähe des Nachbarn.

Richard Wagner nennt das in diesem Sommer beginnende gemeinsame Leben mit den Wesendoncks eine äußere Wendung seines Lebens und gibt vor, es sonderbar zu finden, dass er sich gerade jetzt »Tristan und Isolde« zuwendet und den »Ring« erst einmal beiseite legt. Doch ist es Zufall, dass er gerade nun sowohl die »Tristan«-Dichtung beenden und zugleich mit der Kompositionsskizze beginnen wird? Oder ist es eine Verführung?

Das erste gemeinsame Jahr in der nahen Distanz von »Wahlheim« endet mit einem Gedicht. Wagner hat es am Sylvestertag Mathilde Wesendonck die wenigen Meter vom »Asyl« in ihre Villa hinüberbringen lassen.

> Hochbeglückt,
> schmerzentrückt,
> frei und rein
> ewig Dein –
> Was sie sich klagten
> und versagten,
> Tristan und Isolde,
> in keuscher Töne Golde,
> ihr Weinen und ihr Küssen
> leg' ich zu deinen Füßen,
> dass sie den Engel loben,
> der mich so hoch erhoben!

Diese Verse begleiten die Kompositionsskizze des Ersten Akts von »Tristan und Isolde«, die er am Morgen beendet hat und nun ihr, dem Engel, widmet. Und damit nimmt auch das erste Jahr der Liebe mit »Tristan und Isolde« und von Mathilde und Richard ein Ende.

KÜHNSTER LEBENSTRAUM – WUNSCHLOSES GLÜCK

Der Sommer des Jahres war ein Märchen für Wagner. Im Juli hatte er hochbeglückt mit der Kompositionsskizze des »Tristan« begonnen und bar jeder Schmerzen gleichzeitig die beiden letzten Akte gedichtet. Zum ersten Mal war er gleichzeitig Dichter und Tonsetzer, ein Glücksfall, den ihm das »Asyl« vergönnte und die Muse ihm eingab. Kaum hatten die Wesendoncks ihre Villa bezogen, konnte Mathilde zehn Tage später ihren Musenhof einweihen. Wagners Freund, der Komponist, Pianist und Dirigent Hans von Bülow, kam zu Besuch, und zwar auf der Hochzeitsreise mit Cosima, Liszts Tochter, die seiner Liaison mit Marie d'Agoult entstammte, und die Wagner knapp vier Jahre zuvor in Paris, obwohl sie fast noch ein Kind war, schon ins Auge gefasst hatte. Drei Frauen begegneten sich in diesen Tagen im »Asyl« und im »Wahlheim«, die entscheidend in Wagners Leben sind, seine Frau Minna, seine große Liebe Mathilde Wesendonck und Cosima, die Bülow ihm eines Tages überlassen muss. Doch in diesem Augenblick hatte Wagner vor allem Augen für die Eine, Mathilde. Cosima gewahrte das und schwieg, senkte den Kopf zu den Gesprächen, weinte bisweilen. Minna entwich in die Küche. Von Bülow saß am liebsten am Flügel, oder wie er an seine Mutter schrieb: »Viel schlafen – gehörige regelmäßige Spaziergänge – bequemes Aufstehen; Liegen, Sitzen, Stehen – auch gute Flügel, selbst gutes Geflügel.« Doch er musste und wollte auch am Flügel sitzen und spielen, und da Wagner bei weitem nicht so gut Klavier spielte wie er, legte der ihm den Klavierauszug der »Walküre« vor, den sein Londoner Freund Karl Klindworth besorgt hatte. Am 5. September waren als Gäste im »Asyl« zugegen natürlich die Wesendoncks, dann Eliza Wille und einige Zürcher Freunde. Sie hörten nicht nur »Die Walküre«, sondern auch die beiden ersten Akte des »Siegfried«, die nur als Kompositions-

Cosima von Bülow. Photographie von L. Held, Weimar um 1857

entwürfe vorlagen, die Bülow aber dennoch, was Wagner erstaunt vermerkte, wie einen Klavierauszug spielen konnte. »Ich sang dazu, wie gewöhnlich, alle Rollen.«

Doch damit nicht genug mit den privaten Wagnerfestspielen im Hause Wagner. Er dichtete ja gerade »Tristan und Isolde«, und jeden Nachmittag las er den Gästen, die den Vormittag über äußerste Ruhe zu bewahren hatten, die Verse vor, die er am Morgen verfasst hatte. Am 18. September war die Dichtung vollendet. Er eilte hinüber in die Villa zu Mathilde, drang hochbeglückt in ihren Salon ein und übergab sie ihr. »Du geleitetest mich nach dem Stuhl vor dem Sofa, umarmtest mich und sagtest: nun habe ich keinen Wunsch mehr!« So wird er selbst die Szene mit ihm als Protagonisten darstellen.

Eine Woche später reisten Hans von Bülow und Cosima ab. Er hatte für sie eine Abschrift der Dichtung von »Tristan und Isolde«, der beiden sich bis in den Tod hinein Liebenden, angefertigt. Zwei Tage später begann Wagner mit der Kompositionsskizze zur Oper. Er unterbrach sie, um andere Verse zu vertonen, Verse, die nicht von ihm stammten. Von Mathilde.

Der Engel

In der Kindheit frühen Tagen
hört' ich oft von Engeln sagen,
die des Himmels hehre Wonne
tauschen mit der Erdensonne.

Dass, wo bang' ein Herz in Sorgen
schmachtet vor der Welt verborgen,
dass, wo still es will verbluten,
und vergehn die Tränenfluten.

Dass, wo brünstig sein Gebet
einzig um Erlösung fleht,
da der Engel niederschwebt,
und es sanft gen Himmel hebt.

Ja, es stieg auch mir ein Engel nieder,
und auf leuchtendem Gefieder
führt er, ferne jedem Schmerz,
meinen Geist nun himmelwärts!

Gedichtet hatte Mathilde Wesendonck seit ihrer Jugendzeit immer schon und davon geträumt, nicht nur unter Künstlern zu leben, sondern auch selbst Künstler zu sein. Nun in der Gegenwart Wagners und von ihm animiert, bekommen ihre Verse Flügel, und es wird Gedicht auf Gedicht folgen. Er, der bedeutendste Komponist der Zeit, und das ist er ja nicht nur in Mathildes Augen, wird sie vertonen und sie musikalisch eng mit der Komposition von »Tristan und Isolde« verbinden. Die »Wesendoncklieder«.

»Ferner besucht Mad.W. meinen Mann heimlich und umgekehrt, verbat meinem Knecht, als er ihr die Türe aufmachte, dass er mir nicht sagen sollte, dass sie oben sei«, meldete Minna ihrer Freundin nach Dresden. Resigniert hatte sie sich darin gefügt, dass ihr Mann ihr nun völlig entglitt. Um den Schmerz darüber zu dämpfen, nahm sie in diesen Wochen eine höhere Dosis von Laudanum, jenes mit Alkohol verflüssigte und zumeist aromatisierte Opium, mit dem sie ihre Nerven schon seit langem zu beruhigen versuchte. Sie ließ sich in Schlaf fallen, um die Tragödie ihres Lebens nicht wahrnehmen zu müssen. Täglich trafen sich die beiden Liebenden, ließen allmählich jede Vorsicht fahren, und obwohl sie sich immerzu sahen, gingen zudem Billets hin und her, mit der Frage, wie man geschlafen habe, was man auf dem Herzen habe. Die Sprache der Liebe. »Sie werden mich noch nicht so bald los: ich niste mich in Ihrem Hause ein«, schickte er ihr Nachricht, als ihr Mann wieder einmal geschäftlich nach Amerika gereist war. »Ich habe soviel auf dem Herzen – und alles ist doch wieder nur das Eine, ohne dass ich Ärmster keine Stätte auf dieser Welt mehr hätte. Dies Eine!« Immer wieder dieses. »Danke! Gut geschlafen – es muß gehen – Und das Eine«, antwortete er ihrem Billet.

Die Nachmittage und Abende in »Wahlheim« waren auch der gemeinsamen Lektüre gewidmet, vor allem der Schauspiele von Lope de Vega, den »Autos Sacramentales« von Calderón und seinem Drama »Das Leben ein Traum«. Und darin lasen die beiden in der Übersetzung von August Wilhelm Schlegel: »Was ist Leben? Raserei! Was ist Leben? Hohler Schaum! Ein Gedicht, ein Schatten kaum. Wenig kann das Glück uns geben: Denn ein Traum ist alles Leben und die Träume selbst ein Traum.«

Am Morgen danach saß Wagner am Klavier und schrieb Tristan und Isoldes Musik vom Traum eines Lebens und einer Liebe, die nur im endlichen Schlaf münden kann. Mathilde saß an ihrem Damensekretär und schrieb Verse, verfasste ein weiteres Gedicht, das er vertonen und ausdrücklich eine Studie zu »Tristan und Isolde« nennen wird. Am 4. Dezember überbrachte Wagner ihr die Vertonung, spielte sie auf dem Klavier vor und sang – oder sang sie?

Träume

Sag', welch wunderbare Träume
halten meinen Sinn umfangen,
dass sie nicht wie leere Schäume
sind in ödes Nichts vergangen?

Träume, die in jeder Stunde,
jedem Tage schöner blüh'n,
und mit ihrer Himmelskunde
selig durchs Gemüte ziehn?

Träume, die wie hehre Strahlen
in die Seele sich versenken,
dort ein ewig Bild zu malen:
Allvergessen, Eingedenken!

Träume, wie wenn Frühlingssonne
aus dem Schnee die Blüten küsst,
dass zu nie geahnter Wonne
sie der neue Tag begrüßt,

Dass sie wachsen, dass sie blühen,
träumend spenden ihren Duft,
sanft an deiner Brust verglühen
und dann sinken in die Gruft.

Mathilde war in ihrer kühnsten Lebensvision angelangt. Sie war wahr geworden. Seite an Seite mit einem Genie schuf sie nun ihr Werk, das dieses auch noch in Musik setzte. Traum einer Symbiose, Traum einer Verschmelzung, Traum Isoldes, an seiner Brust – Tristans – zu verglühen, um dann gemeinsam den Liebestod zu sterben. Es gab in diesen Monaten der Liebe Augenblicke, da meinte sie – und ihr Geliebter vielleicht auch –, das Leben würde parallel mit der Dichtung eines anderen Paares verlaufen. Eine Vermischung? Oder inszenierte da jemand nach der Dichtung Vorgaben?

Als Mathilde bei einer Lektüre von »Tristan und Isolde« im Kreise der Freunde am Schluss in einen Weinkrampf verfiel, hatte Wagner zu ihr gemeint, die Liebe ende nun einmal so, in Tod oder Entsagung. Schon eine Ahnung auch? Doch zuvor sei höchstes Liebesglück, wie er es zu Beginn des Zweiten Aktes in Verse und Musik gesetzt hat. Im Dezember schrieb er Mathilde: »Das große Ausbruchsduett zwischen Tristan und Isolde ist über alle Maßen schön ausgefallen. Soeben in großer Freude darüber.«

»Wie weit so nah!/So nah' wie weit!«, lässt Wagner Tristan singen. Wie weit und nah waren sich auch Mathilde und Wagner in ihrem tagtäglichen Sein in diesen Herbstwochen, als Otto – Marke? – abwesend war, der indes als ein Schatten über ihnen herrschte.

Doch beide singen, Tristan und Isolde im Wechsel:

Bist du mein?
Hab ich dich wieder?
Darf ich dich fassen?
Kann ich mir trauen?
Endlich! Endlich!
An meiner Brust!
Fühl' ich dich wirklich?

Bist du es selbst?
Dies deine Augen?
Dies dein Mund?
Hier deine Hand?
Hier dein Herz?
Bin ich's? Bist du's?
Halt ich dich fest?
Ist es kein Trug?
Ist es kein Traum?
O Wonne der Seele!
O süße, hehrste,
kühnste, schönste,
seligste Lust!
Ohnegleiche!
Überreiche!
Überselig!
Ewig! Ewig!
Ungeahnte,
nie gekannte,
überschwenglich
hoch erhabne!
Freude-Jauchzen!
Lust-Entzücken!
Himmelhöchstes
Welt-Entrücken!

So beginnt dieses »Ausbruchs Duett«, in dem dann, nachdem Isolde nochmals festgestellt hatte »Wie lange fern! Wie fern so lang«, es zur Liebesapotheose kommt, in der beide im Singen vereint sich vereinigen, nachdem ein Orchesterzwischenspiel von betörender Anmut hinübergeleitet hat zu einem Nonenakkord in die Untiefen von Sehnsucht.

O sink' hernieder
Nacht der Liebe,
gib Vergessen,

dass ich lebe;
nimm mich auf
in deinen Schoß,
löse von der Welt mich los!

Höhepunkt auf Höhepunkt folgte in den nächsten Wochen, bis Otto Wesendonck aus Amerika zurückkommen und dem nicht nur musikalischen Treiben in seinem Haus ein vorläufiges Ende setzen würde. Doch zuvor dichtete Mathilde weiter, und Richard komponierte. Die Weite der Nähe verringerte sich in jedem Augenblick. Zusammen besuchten sie in der Stadt vor den Augen aller ein Konzert von Clara Schumann. Zwei Tage zuvor hatte Wagner Mathilde das dritte Lied vorgespielt, das er nach ihren Versen in Töne gesetzt hatte.

Schmerzen

Sonne, weinest jeden Abend
dir die schönen Augen rot,
wenn im Meeresspiegel badend
dich erreicht der frühe Tod;

Doch erstehst in alter Pracht,
Glorie der düstren Welt,
du am Morgen, neu erwacht,
wie ein stolzer Siegesheld!

Ach, wie sollte ich da klagen,
wie, mein Herz, so schwer dich sehn,
muss die Sonne selbst verzagen,
muss die Sonne untergehn?

Und gebieret Tod nur Leben
geben Schmerzen Wonne nur:
O wie dank' ich, dass gegeben
solche Schmerzen mir Natur.

1858? / *geb. 1828*

Es nahte der 23. Dezember 1828, Mathildes neunundzwanzigster Geburtstag. Wie sollte Wagner ihn feiern? Am frühen Morgen eilte er hinüber zur Villa in Begleitung von acht Musikern und brachte ihr ein Ständchen. Er hatte ihr Gedicht »Träume« und seine Komposition in eine Fassung für Solovioline und kleines Orchester gebracht. Mathilde war gerührt, Minna hatte es von weitem gehört, Otto Wesendonck nicht, denn er war noch unterwegs.

Wenige Tage nach Weihnachten bat Wagner seinen Freund, den Zürcher Regierungsrat Franz Hagenbuch, auf das Schleunigste um einen Pass nach Paris. Wollte er mit Mathilde dorthin entfliehen? Nachdem er ihr, seinem Engel, der ihn so »hoch erhoben«, am Sylvestertag die Kompositionsskizze zum Ersten Akt des »Tristan« gebracht hat mit jenem Liebes- und Widmungsgedicht? Aber stieg ihm auch der Engel hernieder?

MARKES KLAGE

»Wo ist Mme W.?«, fragt Franz Liszt Wagner in einem Brief Mitte Januar 1858, ahnt und befürchtet nach einigen Andeutungen seines Freundes etwas. Sie befindet sich indes nach wie vor in Zürich, ist nicht mit Wagner geflohen, wird kaum daran gedacht haben, ihr Heim von Luxus und ihren Mann von Geld für einen armen Musiker zu verlassen. Nur Richard Wagner mag sich das in kühnen Träumen ausgemalt haben. Doch alles ist anders gekommen. Er ist allein nach Paris gefahren.

Dem Huldigungsständchen folgte der Eklat: Zu Neujahr kehrte der Herr des Hauses aus Amerika zurück. Man hatte ihm sofort zugetragen, was geschehen war. Alle Welt sprach davon im kleinen Zürich und die Dienerschaft im Hause auch. Besonders das Geburtstagsständchen für Mathilde hatte Aufsehen erregt. »Es war früh sieben Uhr und alles gelungen und gut geklungen, sie aus süßen Träumen zu wecken«, berichtete Minna Wagner bitter ironisch ihrer Freundin. Nach dem Konzert kochte sie Kaffee für die Musiker, bewirtete sie mit Butterbroten. »Der Spaß kam uns teuer zu stehen«, berichtete sie ferner, mussten die Wagners doch die Musiker bezahlen. Gar bis nach

Berlin drang Kunde von diesem unerhörten Ereignis. Cosima von Bülow schrieb neiderfüllt sarkastisch: »Il a donc composé une sérénade pour sa belle Mathilde.«

Empört bestellt Wesendonck Wagner in den ersten Januartagen zu sich, macht ihm eindeutig klar, dass eine Grenze überschritten sei, dass er diese Nähe zu seiner Frau nicht dulde, dieses ganze Getue um Tristan, Isolde und die Träume seiner Frau. Er fühlt sich verraten.

> Mir – dies?
> Dies – Tristan – mir? –
> Wohin nun Treue,
> da Tristan mich betrog?
> Wohin nur Ehr'
> und ächte Art,
> da aller Ehren Hort
> da Tristan sie verlor?
> Die Tristan sich
> Zum Schild erkor
> Wohin ist Tugend
> Nun entflohn,
> da meinen Freund sie flieht?
> Da Tristan mich verriet?

Diese Worte tiefster Enttäuschung durch den begangenen Verrat hat Wagner König Marke wenige Monate zuvor auf dem Anwesen Wesendoncks in den Mund gelegt. Markes Urvertrauen ist erschüttert, ja abhanden gekommen in diesem tödlichen Dreieck zwischen ihm, Isolde und Tristan, der ja sein Neffe, Liebling und Lehnsmann ist, sein Brautwerber und vorbestimmter Thronfolger. Durch seinen Verrat ist Markes Welt aus den Fugen gegangen.

Nach dem Beginn dieser Klage: »Schweigen – Tristan senkt langsam den Blick zu Boden, in seinen Mienen ist zunehmende Trauer zu lesen«, so Wagners Regieanweisung, folgen Markes Zweifel an allem, was er je erreicht, nun aber nichtig ihm erscheint:

> Wozu die Dienste
> ohne Zahl,
> der Ehren Ruhm,
> der Größe Macht,
> die Marken du gewannst;
> musst' Ehr und Ruhm,
> Größe und Macht,
> musste die Dienste
> ohne Zahl
> dir Markes Schmach bezahlen?

Komponieren wird Wagner diese Markeklage erst in Venedig, als das Dreieck zwischen ihm, Wesendonck und Mathilde aufgelöst sein wird, erdichtet hat er sie aber, als dieses Dreieck schon und noch bestand und eine innere explosive Kraft in sich barg.

> Warum – mir diese Schmach?
> den unerforschlich
> furchtbar tief
> geheimnisvollen Grund,
> wer macht der Welt ihn kund?

Auf diese entscheidende, bohrende Frage Markes wird zuerst das Orchester antworten, das mehr als Tristan weiß und das voller Wehmut in Englischhorn und Oboe das Sehnsuchtsmotiv anstimmt, jenes Motiv, das im Grunde die ganze Oper enthält, nämlich das Drama der Liebe als Macht des Schicksals, als unstillbare Sehnsucht, die durch nichts aufzuhalten ist. Das Sehnsuchtsmotiv, das aus dem berühmtesten aller Akkorde der Musikgeschichte hervorbricht, dem »langsam schmachtenden« F-H-Dis-Gis, der später einfach der Tristan-Akkord genannt wird und der schon das Vorspiel der Oper eröffnet. In diesem ist nicht nur die Tonalität gefährdet, in ihm ist das Soziale der realen Welt gefährdet. Dann erst antwortet Tristan, das heißt, er antwortet nicht, da ihm die reale Welt im Liebestrank abhanden gekommen ist:

O König, das –
kann ich dir nicht sagen;
und was du frägst,
das kannst du nie erfahren. –

»Er wendet sich leise zu Isolde, die sehnsüchtig zu ihm aufblickt«, befiehlt die Regieanweisung Wagners den beiden.

Wohin nun Tristan scheidet,
willst du Isold', ihm folgen?

Sie wird folgen, in das nächtliche Land des Liebestods. Denn Leben, Lieben und Sterben in einem anarchisch, ekstatischen einzigen Akt ist das Ziel der Sehnsucht, in dem alle reale, soziale Welt genichtet wird.

Auch seiner Frau Mathilde redet Otto Wesendonck ins Gewissen, wissend zwar, dass sie ihn nicht verlassen und Wagner folgen würde, aber dessen ungeachtet verbittet er sich die Intimität mit Wagner in seinem Haus. Er werde ihn aus dem »Asyl« hinauswerfen, kündigt er ihr an, woraufhin sie droht, sich vom Balkon zu stürzen, wie er François Wille wenige Tage später erzählen wird. Der sagt nur: »Wesendonck, das nächste Mal sagen Sie: Allez – hopp, Mathilde!«

Das erste Jahr der Liebe hatte wunderbar geendet, doch das Jahr darauf fing düster an. Wagner zieht es vor, den Ort der Liebe zu verlassen, er kneift, macht sich davon, begibt sich am 14. Januar unter banalen Vorwänden nach Paris. Rückblickend wird er ein unwahres, ebenfalls banales Bild der Ereignisse geben: »Selbst die als so annehmlich vorausgesetzte unmittelbare Nachbarschaft der Familie Wesendonck musste mein Unbehagen nur steigern, da es mir wahrhaft unerträglich wurde, Abende hindurch Gesprächen und Unterhaltungen mich hinzugeben, an welchen ... mein guter Freund Otto Wesendonck sich beteiligen zu müssen glaubte. Die Ängstlichkeit darüber, dass, wie er vermeinte, in seinem Haus sich bald alles mehr nach mir als nach ihm richten würde«, welche Anmaßung spricht aus diesem Satz, »gab ihm außerdem die eigentümliche Wucht, mit welcher ein wenig Gebildeter ... sich auf jedes Gespräch wirft ... Mir ward bald alles Druck und Last.«

Einen Ausflug zur Zerstreuung nennt Wagner seine Reise nach Paris, für die er diesmal nicht bei Wesendonck, sondern bei Semper Geld erbettelt hat, nennt sie aber auch Ausflug mit dunklem Zweck. Bei dem Halt in Straßburg sieht er zufällig ein Plakat, auf dem seine »Tannhäuser«-Ouvertüre angekündigt ist, die mit großem Orchester aufgeführt wird. Ein Pauker erkennt den Komponisten im ersten Rang, und nach dem Ende der Ouvertüre gibt es Tusch und Paukenwirbel für Wagner, der sich über das Engagement der Stadtbürger wundert, ein solches Orchester zusammengestellt zu haben, was bedauerlich die Zürcher nicht zu Stande brächten. An Minna schreibt er, eigentlich zum ersten Mal habe er etwas von seiner Musik aufgeführt gehört, habe darüber weinen müssen, und das solle sie doch bitte ihren Nachbarn, also Wesendoncks, mitteilen. In Paris trifft er sich mit Hector Berlioz, verfällt aber in Trostlosigkeit, als der ihm seine »Trojaner«-Dichtung vorliest und die Musik dazu vorspielt. Seit einiger Zeit lässt Wagner nichts mehr neben sich gelten, selbst Liszts Kompositionen lobt er häufig nur noch, weil der sein Freund ist. Tief erfreut ist er hingegen, als er von der Familie Érard einen wunderbaren Flügel aus deren Fabrikation versprochen erhält.

Am 4. Februar ist Wagner von seiner Zerstreuungsreise schon wieder in Zürich zurück. Nichts ist mehr wie zuvor. Gegenüber Madame Wesendonck hält er sich erst einmal zurück und beginnt zwei Tage später mit der Fortsetzung der Partiturschrift zu »Tristan und Isolde«. Die haben ihn wieder. Und alles steuert auf einen Höhepunkt zu, der zur Katastrophe führen wird.

DER »HERR VON HEILIGEN«

Schon zehn Tage nach seiner Rückkehr lädt Mathilde Wesendonck ihn zum Dîner ein. Doch da ist noch ein anderer Mann zugegen, ein Italiener, Francesco de Sanctis. Wagner beäugt ihn mit Argwohn. Mathilde hat ihn als Privatlehrer für Italienisch engagiert. De Sanctis stammt aus der Umgebung von Neapel, ist vier Jahre jünger als Wagner. Wie Wagner hat er an einem Aufstand teilgenommen und für seinen Kampf gegen die herrschenden Bourbonen drei Jahre im Gefängnis des Castello d'Ovo in Neapel gesessen. Hinter Kerkermauern hat de Sanctis einen Essay über deutsche Literatur, über Schiller verfasst. Nach seiner Freilassung geht er 1856 ins Zürcher Exil, lehrt Italienische Literatur am Polytechnikum und schreibt einen Essay über die Dichtung Leopardis und Schopenhauer, verbindet diese beiden doch eine abgrundtiefe Verachtung der Welt, die sich indes bei dem Schopenhaueranhänger Wagner gemildert hat, seitdem er Mathilde so nah gekommen ist. Denn sie konnte ihn heilen, ihn mit der Welt versöhnen. De Sanctis indes fühlt sich isoliert in Zürich und entwickelt gegen Schweizer und Deutsche eine entschiedene Antipathie, da sie ihm als Italiener, als »Welschen«, mit herablassendem Hochmut begegnen. »Das tat mir weh«, wird er sich erinnern, noch schlimmer sei es, sie reden zu hören, wenn sie meinten, die Welt gehöre ihnen. Und er wird über seinen Nebenbuhler im Hause Wesendonck feststellen: »Wagner erschien mir als ein corrutore della musica.« Verdi

Dieser de Sanctis sitzt nun statt Wagner des Nachmittags bei dessen Mathilde, trinkt mit ihr Tee und versucht, ihr die italienische Sprache nahe zu bringen. Hat da ein anderer meinen Platz eingenommen, während ich im »Asyl« hocke, fragt sich Wagner und wird von seiner Loggia aus versucht haben, das Kommen und Gehen in der Villa genau zu beobachten.

Da Mathilde Wesendonck sich aber mehr dem Tee mit de Sanctis und der Plauderei widmet als der italienischen Sprache, bittet sie ihr Lehrer bald, ihn von den Unterrichtspflichten zu entbinden, zumal seine anderen Aufgaben ihm nicht weiter dafür Zeit ließen. Doch Madame Wesendonck, die zuweilen willensstark und herrisch sein kann, lässt ihn nicht gehen, schreibt ihm auf Französisch: »Peut-être n'avez vous jamais eu une élève et ne savez donc pas qu'il faut plus de patience et plus d'indulgence pour une femme que pour un homme.« Kokett fügt sie an: »J'ai pris ces leçons pour une grande faveur et je vous ai reçu en ami, non pas en qualité de professeur. Aurai-je manqué en cela?« Und lädt de Sanctis in aller Freundschaft wenige Tage später zum Essen ein: »Voulez-vous nous faire plaisir de dîner avec nous demain (dimanche, 3 heures). Il n'y aura que Wagner et je me ferai un plaisir tout particulier de vous procurer sa connaissance plus intime.« Doch die beiden Männer verstehen sich nicht, für Wagner ist der Neapolitaner ein Konkurrent in der Gunst um Mathilde, die er für sich beansprucht. De Sanctis stößt hingegen an Wagner ab, dass dieser sich selbst, wie er schreibt, »il genio dell' avenire« nennt, doch ein Scharlatan sei er. Der nennt de Sanctis gegenüber Mathilde nur den »Herrn von Heiligen.« Und der wird noch eine entscheidende Rolle in diesem Akt des Dramas um Mathilde und Richard spielen.

Um die Gunst Mathildes für sich wieder voll und ganz und allein zu gewinnen, begibt sich Wagner sofort daran, ein weiteres ihrer Gedichte zu vertonen, deren Noten er ihr acht Tage nach dem Dîner mit dem Rivalen übergibt.

Stehe still!

Sausendes, brausendes Rad der Zeit,
Messer du der Ewigkeit;
Leuchtende Sphären im weiten All,
die ihr umringt den Weltenball;
Urewige Schöpfung, halte doch ein,
genug des Werdens, lass mich sein!

Halte an dich, zeugende Kraft,
Urgedanke, der ewig schafft!
hemmet den Atem, stillet den Drang,
schweiget nur eine Sekunde lang!
Schwellende Pulse, fesselt den Schlag;
Ende des Wollens ew'ger Tag!

Dass in selig süßem Vergessen
Ich mög' alle Wonnen ermessen!
Wenn Aug' in Auge wonnig trinken,
Seele ganz in Seele versinken,

Wesen in Wesen sich wiederfindet,
und alles Hoffens Ende sich kündet,

die Lippe verstummt in staunendem Schweigen,
keinen Wunsch mehr will das Innre zeugen;
erkennt der Mensch des Ew'gen Spur,
und löst dein Rätsel, heil'ge Natur.

In manchen Gedichtzeilen meint man eine Paraphrase der »Tristan und Isolde«-Dichtung zu vernehmen, wenn Mathilde Wesendonck etwa von Aug' in Auge und wonnigem Trinken und Versinken spricht. In diesen Monaten mischte sich seine Dichtung in ihre ein, und da er das womöglich erkannte, vertonte er die Gedichte, nannte zwei von ihnen ausdrücklich Studien zu seiner Oper. Sie waren auch ein Liebesduett in Wort und Musik, zwischen ihren Versen und seinen Tönen. Die Wesenseinheit, in der sich schließlich Tristan und Isolde befinden und finden, von der das Gedicht spricht, sollte auch zu einer ähnlichen Verschmelzung zwischen den Protagonisten von »Wahlheim« werden, so wünschte es sich Wagner, und Mathilde wohlmöglich auch. Doch in Grenzen der bürgerlichen Gesittung?

HAUSKONZERT AUF WAHLHEIM

Wagner hatte geschworen, so bald nicht mehr den Taktstock in die Hand zu nehmen, auch nicht mehr Beethovens Sinfonien zu dirigieren. Aber er wurde seinem Schwur untreu. Es ging nämlich um Wiedergutmachung für das geheime Dezemberständchen und um eine Beruhigung des Hausherrn von Wahlheim. Otto Wesendonck hatte Geburtstag, und zu dessen Feier überredete Mathilde den Freund, mit einem kleinen Orchester in ihrem Haus ein Konzert zu geben. Dieses fand dann erst als Nachfeier in der Karfreitagwoche am 31. März statt, vier Tage zuvor gab es eine halb öffentliche Probe im Musiksaal beim Fraumünster.

Kurz vor sieben Uhr abends trifft in der Villa Wesendonck alles ein, was in Zürich Rang und Namen hat, dreiundsechzig Auserwählte schmücken die Gästeliste. Gar der Kommandant der Vierten Schweizer Division schreitet den langen Kiesweg zur Villa hinauf. Die Willes, Sempers, Herweghs, Heims, Sulzers, Biebersteins, Spyris, der Hausarzt Konrad Rahn-Escher, ebenso die Zeichnerin Clementine Stockar-Escher, die sowohl Wagner und Minna als auch Peps portraitiert hatte. Mathilde empfängt, wie Eliza Wille vermerkt, »die ganze beau monde« von Zürich.

Man versammelt sich im unteren Stockwerk zwischen Salon, Speisezimmer und Vestibül, alle Flügeltüren sind geöffnet, das Orchester mit immerhin dreißig Musikern hat Platz genommen, Wagner tritt hervor, da überreicht ihm Myrrha, die sechsjährige Tochter der Wesendoncks, einen Taktstock aus Elfenbein und Ebenholz, den Semper entworfen hat. Wagner hebt ihn, gibt den Einsatz zum Menuett aus Beethovens F-Dur-Sinfonie, der Achten. Es folgen weitere Sätze der Vierten, Siebten, Fünften und Dritten Sinfonie, unterbrochen durch Pausen, in denen geplaudert wird und alle beobachten, wie sich Wagner und Mathilde begegnen, weiß doch inzwischen ein jeder im Saal um deren Nähe und um den Eklat zu Anfang des Jahres. Sie wollen ihre Blicke erhaschen und beobachten auch Wesendonck, wie dieser reagiert. Und mittendrin Minna Wagner, die sich in ein Sofa gedrückt hat. Nach der zweiten Pause beenden das Scherzo und das Adagio aus der Neunten Sinfonie das Privatkonzert.

Dann bittet Madame Wesendonck, die wie manche Gäste bemerken, durch den Abend schwebt, zum Dîner, das an vielen Tischen des Speisesaals und des Salons serviert wird. Der Abend verlängert sich bis in die tiefe Nacht hinein. Wagner und Wesendonck scheinen wieder versöhnt, und doch lebt die Liebe zwischen dessen Frau und dem Komponisten weiter. Im Nachhinein wird er notieren: «Doch konnten und mussten wir uns an jenem Festabend gestehen, dass wir mit niemandem tauschen möchten.« Nur eine Woche später kommt es zu einem heftigen Streit zwischen den Liebenden, der die Katastrophe einleiten wird.

EIFERSUCHT UND MORGENBEICHTE

Ausgerechnet Goethe ist der Auslöser für den Streit. Ausgerechnet de Sanctis ist sein Katalysator. Mathilde Wesendonck hatte ihre beiden ungleichen Freunde für den 6. April zum Abendessen in die Villa eingeladen, obwohl sie ja wusste, wie eifersüchtig Wagner auf den Italiener war. Oder weil sie es wusste? De Sanctis liebte Goethe, Mathilde auch, Wagner eigentlich ebenso, ließ er ihn doch als einzigen großen Dichter neben sich gelten. Aber in diesem Gespräch unter sechs Augen ist Wagner plötzlich auch eifersüchtig auf Goethe und auf dessen Faust. Mathilde nennt diesen den bedeutendsten Typus von Mensch, den je ein Dichter geschaffen habe. Das macht den Dichter Wagner böse, und er schreit es heraus. De Sanctis hingegen gibt ihr Recht, und das macht Wagner noch wütender, der jetzt auch noch meint, dessen Meinung aus Mathildes Mund zu vernehmen. Wagner springt auf, der Abend ist perdu. Er geht, Mathilde und de Sanctis bleiben zurück. Immer noch wutentbrannt, eilt er hinüber ins »Asyl« und ärgert sich zugleich, Mathilde mit seinem Konkurrenten allein gelassen zu haben.

Eine unruhige Nacht folgt, doch am frühen Morgen schaut bei Lichte besehen alles milder aus. Wagner schreibt einen Brief, nennt ihn »Morgenbeichte«, packt ihn in einer Rolle mit Noten ein, will ihn hinüberbringen nach »Wahlheim«. Da hält Minna ihn auf, will mit dem Instinkt einer vermeintlich betrogenen Frau wissen, was er da hinübertrage. Wagner sagt nichts, geht zurück in sein Arbeitszimmer, beauftragt wenig später einen Diener als Boten, Noten und Brief hinüberzutragen. Minna lauert ihm auf, fängt ihn ab, öffnet die Rolle, sieht den Brief, liest ihn, liest ihn falsch, deutet ihn als Liebesbrief nach einer gemeinsamen Nacht ihres Ehemanns mit Madame Wesendonck. »Soeben aus dem Bett.- Morgenbeichte«, entziffert sie und findet auf einmal das vertraute Du in dem Brief, wobei ihr Mann die Wesendonck doch immer mit Sie angeredet hat, und ist sich nun sicher, da war etwas die letzte Nacht. Sie nimmt den Brief an sich, als Beweismittel gegen ihren Mann und für Wesendonck, den Gönner der Familie, der ihr Leid tut, den sie hintergangen findet durch ihren Ehemann.

»Ach, nein!« geht die Morgenbeichte weiter. »Nicht den de Sanctis hasse ich, sondern mich, dass ich mein armes Herz immer wieder in solcher Schwäche überraschte!« Wagner demütigt sich selbst, macht sich klein vor Mathilde, um von ihr wieder empor gehoben zu werden. Er fürchtet, sie zu verlieren, möglicherweise an den Nebenbuhler, und streut in den Brief immer wieder schwelgende Liebesbeichten hinein, versucht aber zuvor, seine Ausfälle und Anwürfe am Abend gegen de Sanctis und gegen Mathilde zu erklären. Kindisch hat sie ihn genannt. »Sei so gut und vergib mir mein kindisches Wesen von gestern: Du hast es richtig so genannt.«

Zwei Tage zuvor habe er ihr die Kompositionsskizze zum Vorspiel von »Tristan und Isolde« bringen lassen wollen, die er am Morgen niedergeschrieben hatte, nachdem »ein Engel zu mir trat, mich segnete und labte«, und dieser Engel war seine Muse, die ihn in Gedanke und Bild aufgesucht hatte. Das habe ihn so heiter gestimmt, dass er am Abend zu seinem Engel habe hinübergehen wollen, doch der Diener habe ihm mitgeteilt, dass er sich nicht getraut habe, die Rolle mit den Noten bei Frau Wesendonck abzugeben, da der Herr de Sanctis zugegen war. Und so habe er den Abend zu Hause im »Asyl« völlig verstimmt verbringen müssen, bis der Marschall von Bieberstein ihn aufgesucht habe. Und dann im Gespräch mit diesem sei er in einen »schrecklichen Hass auf alle de Sanctis der Welt« verfallen, nennt diesen einen de Sanctis einen »Lästigen«, habe gedacht: »Der Glückliche – der hat sie mir jetzt ferngehalten«, habe sich gefragt: »Aber warum pflegt sie diese pedantische Fessel? Was bedeutet ihr das Italienische?« In dieser Gestalt des de Sanctis habe er schließlich alles Elend der Welt für sich erkannt. So versucht er, sich herauszureden und sein Verhalten zu entschuldigen.

Die Nacht über quälte Wagner heftigste Eifersucht, ließ ihn schlaflos, und erst am Morgen, bei Hellem besehen, legte die sich. »Am Morgen war ich wieder vernünftig und konnte recht herzinnig zu meinem Engel beten, und dieses Gebet ist Liebe! Liebe! Tiefste Seelenfreude an dieser Liebe, der Quell meiner Erlösung.« Und wieder einmal meint Wagner nicht die Liebe selbst, sondern durch die Liebe die Erlösung seiner selbst, wie im »Holländer«.

Da den Tag über aber schlechtes Wetter war, und Wagner im Regen nicht durch den Garten streifen konnte, um dort den Quell seiner Erlösung zu erhaschen, war ihm sein »ganzer Tag ein Kampf zwischen Missmut und Sehnsucht nach Dir.« Doch der Eifersucht auch am Tag kein Ende: »Wenn ich mich so recht herzlich nach Dir sehnte, kam mir immer wieder unser langweiliger Pedant dazwischen, der Dich mir raubte, und ich konnte mir nichts anderes gestehen, als dass ich ihn hasste.« Wagner nennt de Sanctis einen Pedanten, da er alle Literaturdeuter, wie der eben auch einer ist, verachtet, zumal er bei Mathilde die Deutungshoheit haben will, wie es sich in dem Gespräch über Goethe am Abend vor dieser »Morgenbeichte« erwiesen hat. Da der Brief eine Beichte ist, will Wagner als Buße auch eine Strafe für seine Eifersuchtswut: »Aber recht kleinlich war es doch, und ich verdiene dafür eine gehörige Strafe.« Was für eine Strafe aber schlägt er selbst vor? Eine gemeinsame Teestunde mit de Sanctis und Mathilde am kommenden Montag nach der Italienischstunde! »Will den ganzen Abend recht liebenswürdig mit de Sanctis sein, und französisch sprechen, dass alle ihre Freude daran haben«, was für ihn zugleich den Vorteil in sich birgt, dass er seine Geliebte nicht mit dem Nebenbuhler allein lassen würde.

»Was war das gestern wieder einmal für ein dummer Goethestreit«, fährt Wagner in der »Morgenbeichte« fort, was ja auch besagt, dass es nicht um die erste Auseinandersetzung um Goethe handelte. Für Mathilde Wesendonck war Goethe seit der Jugend ein Ideal als Dichter und sein Faust eben das eines Menschentypus. Beflügelt durch seine Eifersucht eben nicht nur auf de Sanctis, sondern auch auf Goethe und selbst auf Faust, wurde er nicht nur böse, sondern schreibt: »Ich kann hierüber bei den Meinigen keine Täuschung bestehen lassen«, meint also in seiner immerwährenden Vermessenheit, er habe zu bestimmen, was die Menschen, die ihm nah sind, zu denken haben. Was Goethe betrifft, so zweifelt er gar an diesem. Dass dieser »für die philisterhafte Accomodation hergerichtet werden konnte«, beruhe zwar auf einem falschen Verständnis seines Werks, dass es dennoch habe geschehen können, »hält mich in wachsamer Bedenklichkeit gegen ihn und namentlich gegen seine Ausleger und

Zurechtmacher.« Eine Anklage nicht nur gegen Goethe also, gegen die Literaturwissenschaftler an sich sowieso, aber speziell in diesem Fall des vorangegangenen Abends gegen de Sanctis, indes auch gegen die Wesendonck, wobei er sich beiden »Auslegern« gegenüber in Opposition sieht und zudem noch die Möglichkeit der Zurechtmachung seines eigenen Werks ausschließt, da dieses sich der »Accomodation« gegenüber versperre. Väterlich lehrerhaft fährt er fort: »Nun, weißt Du, ließ ich auch gestern Alles gelten, namentlich Deine große Freude an Faust«, nur eben ihre Meinung von der Außerordentlichkeit dieses Menschen habe ihn, »sehr törichterweise«, fügt er nun entschuldigend ein, böse gemacht. Es folgt nun eine, und in seinen Augen natürlich richtige, Deutung des Faust, denn dessen Weltverzweiflung, die Wagner ja bei sich bestens kennt, beruhe im Anfang entweder auf Welterkenntnis – dann aber sei es erbärmlich, wenn Goethe diesen in »die verachtete Welt mit großem Aufwand hineinstürzt.« Oder aber, und so werde es sein, vermutet Wagner: »Faust ist eben nur ein phantastischer Gelehrter, und die eigentliche Welt hat er noch gar nicht durchwühlt; dann ist er eben nur krüppelhaft unterentwickelt, und man mag es gut heißen, dass er in die Lehre der Welt geschickt wird.« Nun kommt Wagner zu dem eigentlichen Punkt, der ihn selbst in seinem Werk, ob im »Fliegenden Holländer« oder zurzeit in »Tristan und Isolde« zum Schlüssel für die Welterfahrung und gegen die Weltverachtung wird: die Liebe. Die Erlösung durch die Frau. »Da wäre es denn nun aber besser«, gibt er Goethe postum den Rat, Faust »lernte wirklich, was zu lernen ist, und zwar bei der ersten, so schönen Gelegenheit, der Liebe Gretchens.« Aber Goethe habe Faust eines Morgens die ganze Geschichte spurlos vergessen lassen. »So heißt dieser Faust für mich eigentlich die versäumte Gelegenheit; und diese Gelegenheit war keine geringere, als die einzige des Heiles und der Erlösung.« Und er kommt ein zweites Mal auf Mathildes Deutung zurück. »Aber aus diesem jämmerlichen Faust einen edelsten Menschentypus machen zu wollen?«

So jämmerlich will Wagner nicht sein, obwohl er ja viel und oft jammern kann. Er will die Gelegenheit nicht verpassen zur Liebe, zur Rettung, zur Heilung, zur Erlösung. Also gesteht er Mathilde seine

Liebe und wolle nicht weiter dummes Zeug faseln. »Sehe ich Dein Auge, dann kann ich doch nicht mehr reden; dann wird doch alles nichtig, was ich sagen könnte! Sieh dann ist mir alles so unbestreitbar wahr, dann bin ich meiner so sicher, wenn dieses wunderbare, heilige Auge auf mir ruht, und ich mich hineinversenke«, so wie Siegmund in Sieglindes Auge, wie Tristan in Isoldes. Der Augen Blick gibt Liebe: »Dann gibt es eben kein Objekt und kein Subjekt mehr; Da ist Alles Eines und Einig, tiefe unermessliche Harmonie! Oh da ist Ruhe und in der Ruhe höchstes, vollendetes Leben ... nur Innen, im Innern, nur in der Tiefe wohnt das Heil.«

Und um den Brief abzuschließen wird Wagner pragmatisch, aber mit Ausrufezeichen: »Das Wetter scheint mild. Heut' komm ich wieder in den Garten; sobald ich Dich sehe, hoffe ich einen Augenblick«, für der Augen Blick der Liebe dann, »Dich ungestört zu finden!« Und nach einem Gedankenstrich gleich einem Atemzug in der Musik: »Nimm meine ganze Seele zum Morgengruße!«, und es folgen zwei Gedankenstriche, wie eine Fermate.

Doch Mathilde hat den Brief nicht gelesen. Minna hat ihn gelesen.

»LUFT! LUFT, MIR ERSTICKT DAS HERZ!«

Nun handelt die Ehefrau. Lange hat Minna Wagner sich gefügt und die Schwärmerei ihres Ehemanns für die Frau von gegenüber hingenommen. Nun aber fühlt sie sich betrogen, fühlt den Gönner Wagners betrogen. »Also nach einer wilden Liebesnacht, die er hatte, schreibt er ihr ›so ging's die ganze Nacht fort‹«, berichtet Minna ihrer Freundin Mathilde Schiffner, hatte in ihrer Empörung etwas in die »Morgenbeichte« hineingelesen, was da so nicht stand.

Zuerst hat sie den Ehemann angeschrien, zur Rede gestellt ... »R. wollte sich herausreden mit seiner vortrefflichen Suada. Ich ließ nichts aufkommen, den Brief besitze ich noch«, schildert sie ihrer Dresdener Freundin das ungeheure, unerhörte Ereignis und die Folgen. Wagner bittet, ja fleht sie an, ihm den Brief zurückzugeben. Vergebens. Auch entreißen kann er ihn ihr nicht. Sie hält ihn fest. Er ist ihr Beweismittel für die Untreue. Für ihn wäre er, wenn er ihn noch in den Händen hätte, für Mathilde Entschuldigung und Erklärung. Wie soll er ihr diese nun zukommen lassen? Hinübergehen? Mit ihr sprechen? Er versucht, Minna zu beruhigen, redet ihr ein, sie sei krank, sei im Opiumfieber, sie solle erst wieder gesund werden und dann könne man die Angelegenheit in Ruhe beilegen. Doch sie hält den Brief fest in ihren Händen, verschließt ihn des Nachts. Dann vertraut sie sich Emma Herwegh an, ausgerechnet ihr, der Klatschbase von Zürich. Diese rät Minna, die Wesendonck aufzusuchen, sie ebenfalls zur Rede zu stellen. Zögernden Schritts nimmt sie die hundert Meter hinüber in die Villa. Selten ist sie ohne Richard dorthin gegangen. Die Wesendonck, die ja noch nichts Genaues weiß, begrüßt sie freundlich, steht vor ihr, mehr als einen Kopf größer als Minna ist sie. Die zeigt ihr den Brief, gibt ihn ihr aber nicht. »Wäre ich eine gewöhnliche Frau, so ginge ich mit diesem Briefe zu Ihrem Mann«, sagt sie. Mathilde sieht den Brief, erkennt seine Handschrift, weiß nicht, was so Ungewöhnliches darin steht, dass Minna Wagner sie um diese Unterredung ersucht hat und damit droht, ihren Mann einzuschalten. Diese zeigt ihr den Brief immer noch nicht, liest ihn auch nicht vor, sondern erzählt, was sie gelesen hat, lässt den Goethestreit beiseite, erzählt nur das, was sie hineingelesen hat an Liebesnachtverdacht. Mathilde Wesendonck gelingt es, Minna zu beruhigen, schüchtert sie auch ein, begleitet sie bis zur Treppe, die aus der Villa führt, verabschiedet sie freundlich. Doch schon einen Tag später wettert Mathilde gegen Minna Wagner, fühlt sich von den Verdächtigungen gekränkt. »So aber sind sie, die gemeinen, kleinlichen Naturen, nichts als Klatsch und Hetzereien können sie machen.« Minna meint damit die Wesendonck, und sie meldet inzwischen befriedigt nach Dresden: »Nur so viel noch, dass mein Herr Gemahl nicht mehr jenes Haus betritt, ob aus Stärke oder Schwäche weiß ich nicht.«

Doch sie werden sich bald wieder sehen, denn können sie anders? Ob nun aus Liebesschwäche, ob aus Liebesstärke, n'importe. Richard und Mathilde. Für Wagner ist nun eines klar, Minna muss weg. Nach dieser, wie er meint, »unwürdigen Begegnung« seiner Frau mit seiner Geliebten. Er behandelt sie als Kranke, redet ihr ein, sie sei gemütskrank, nennt sie unzurechnungsfähig und schickt sie zur Kur in eine

Nervenklinik nach Brestenberg. Er begleitet sie dorthin und gibt ihr Jacquot, den Papagei, und Fips, den Hund, mit, damit sie nicht allein mit ihrer Krankheit ist. Zurück im »Asyl« schreibt er Minna Briefe, so als wäre nichts geschehen, als wäre Liebe. »Du gehst mir nicht aus dem Kopfe.« Er besucht sie, mal allein, mal mit Georg Herwegh, komponiert kaum in diesen turbulenten Tagen, »Tristan und Isolde« ruhen, der Erste Akt ist vollendet, der Zweite, nur begonnen, muss warten. Auch muss er Mathilde wieder voll und ganz für sich gewinnen, kann immer noch nicht von seiner Eifersucht auf de Sanctis lassen, schickt ein Billet hinüber: »Mir geht es passabel. Wie geht es der eifrigen Schülerin des de Sanctis?«, schreibt auch: »Ich will mich so allmählich wieder für die Arbeit stimmen. Mir winkt der 2te Akt«, fügt die Frage an: »Sehen wir uns heute?« Er braucht seine Muse. Vor allem nach dem Drama. Für »Tristan und Isolde«, das gemeinsame Liebesprojekt.

In denselben Tagen schickt er ihr eine kleine Passage aus dem ursprünglichen »Tristan«-Entwurf, wo er Parsifal Tristan begegnen und sagen lässt: »Wo find ich dich, du heiliger Gral, dich sucht voller Sehnsucht mein Herze.« Wagner findet Worte dazu: »Du liebes irrendes Kind! Sieh, das wollte ich eben aufschreiben, als ich Deine schönen edlen Verse fand.« Es sind Verse eines weiteren Gedichts, das Mathilde Wesendonck in diesen Tagen verfasst hat und den für diese Wochen passenden Titel »Im Treibhaus« trägt. Wagner setzt sie umgehend in Musik, nennt es eine Studie zu »Tristan und Isolde«.

> Hochgewölbte Blätterkronen,
> Baldachine von Smaragd,
> Kinder ihr aus fernen Zonen,
> saget mir, warum ihr klagt?
>
> Schweigend neiget ihr die Zweige,
> malet Zeichen in die Luft,
> und der Leiden stummer Zeuge,
> steiget aufwärts süßer Duft.

Weit in sehnendem Verlangen
breitet ihr die Arme aus
und umschlinget wahnbefangen
öder Leere nicht'gen Graus.

Wohl, ich weiß es, arme Pflanze:
ein Geschicke teilen wir,
ob umstrahlt von Licht und Glanze,
uns're Heimat ist nicht hier!

Und wie froh die Sonne scheidet
von des Tages leerem Schein,
hüllet der, der wahrhaft leidet,
sich in Schweigens Dunkel ein.

Stille wird's, ein säuselnd Weben
füllet bang den dunklen Raum;
schwere Tropfen seh' ich schweben
an der Blätter grünem Saum.

Vergeblichkeit ist die Grundstimmung dieser Verse. Endet Sehnsucht doch nur in Schrecken, in Kummer oder Versagung? Soweit die Arme auch ausgebreitet sind, umfangen sie nur ein Trugbild, das der Tag in seinem leeren Schein dem Menschen malt? Da ist er wieder, der tückische Tag, der Verräter an der Liebe, wie er Wagners Verse beherrscht. Nur die Nacht der Liebe bliebe, in der ewiges Vergessen wäre, wie für Tristan und Isolde, ja wenn, ja wenn es dann zu dieser käme. Doch Richard und Mathilde besitzen den Liebestrank nicht, den er in seiner Dichtung den Liebenden spenden kann. Das Leben ist anders. Wollte er nicht und sie doch, weitere Verse der Liebesbereiten könnten es bezeugen.

Habe ich oft dich bitten wollen
um den höchsten Augenblick,
doch ein unerklärlich Bangen
schaudernd hielt das Wort zurück.

> Bleiern lag's auf mir wie Sterben,
> keine Rettung wußt' ich mehr,
> und ich wälzte mich am Boden,
> schmerzlich zuckend hin und her.

Hätte Mathilde Wesendonck eine Grenze überschritten? Eine Grenze, die bürgerliche Gesittung gezogen hat, welche die Ehe einfordert? Eine Grenze, die möglicherweise auch Wagner selbst gezogen hat, indem er zwar Liebessehnsucht, aber nicht Liebesvollzug zulässt, und wenn, dann nur in der Dichtung und mit Isolde und Tristan? Wagner konnte all sein Sehnen in die Musik einfließen lasen, Mathilde zwar auch in ihre Verse. Aber genügte ihr das nicht, während es ihm genügte?

Nachdem Wagner Mathildes Verse »Im Treibhaus« vertont hat, kann er sich, als ob von ihnen auf den Weg gebracht, auch wieder dem »Tristan« zuwenden und führt umgehend die Kompositionsskizze zum Zweiten Akt fort. Muse Mathilde schickt ihm zum fünfundvierzigsten Geburtstag ein Kissen, das er in seinem Dankesschreiben zu zart nennt, und auf das er den Kopf nicht legen möchte – »höchstens im Tode.« Dann aber soll sie es ihm unterlegen. »Da haben Sie mein Testament«, endet er den Brief und benutzt wieder das unverdächtige, das die Liebe camouflierende Sie statt dem Du in der »Morgenbeichte.« Es spricht zwar noch die Sehnsucht nach dem Liebestod, es spricht in dem Billet, aber auch schon die Distanz, die sich seit dem Zwischenfall zwischen allen Beteiligten eingestellt hat.

Mathilde ist mit ihrem Mann nach Italien gereist zu einer »Zerstreuungsreise«, Minna ist noch in der Nervenklinik, Wagner allein im »Asyl«. Leere, Kühle im Treibhaus. Und als die Wesendoncks am 1. Juni aus Italien zurückgekehrt sind, lehnt Wagner am Tag darauf eine Einladung Otto Wesendoncks in die Villa ab. Minna berichtet er in die Nervenklinik, auch um sie in Ruhe zu wiegen: »Wesendoncks sind vorgestern Abend angekommen. Er besuchte mich gestern und lud mich zum Tee ein; hieraus habe ich schriftlich sehr zart erklärt, dass wir ferner in freundschaftlichem Vernehmen, aber ohne persönlichen Umgang bleiben wollen.« Wenige Tage zuvor hatte er seiner Frau Minna den Entschluss eröffnet, sich von ihr zu trennen. Doch wie und wo soll sein Leben weitergehen? Soll er, will er Zürich verlassen und die Frau, die er immer noch liebt? »Wie wär' Isolde mir aus der Welt?«, singt Tristan, als sie fern von ihm weilt. Den Juni verbringt Wagner mit einem jungen Freund, mit dem hochbegabten Pianisten Carl Tausig, einem jüdischen Jungen von knapp siebzehn Jahren, den Liszt ihm geschickt hat. Als einen musikalischen Kobold hat er ihn Mathilde vorgestellt. Mit Tausig sucht er die Familie Wille auf, will er sich doch mit der »Einfädlerin« Eliza, Mathildes Freundin und seiner Vertrauten, beraten. Dann macht er mit seinem neuen Freund einen Ausflug auf den Uetliberg. Minna ist weiterhin zur Kur in Brestenberg, wo der Arzt ein völlig zerrüttetes Nervensystem diagnostiziert und ihr vor allem eiskalte Wasserduschen verordnet, wie man es in dieser Zeit mit Geisteskranken tut. Doch auch die helfen ihrem Gemüt nicht. Die Süchtige und Eifersüchtige kann nichts retten.

Noch will Wagner das »Asyl« unbedingt erhalten, und auch Mathilde Wesendonck will ihn in ihrer Nähe halten. Er schreibt an seine Frau, was ihren Argwohn weiter bestärkt haben wird: »Diejenige, die Du so hassest, wünscht nichts mehr, als dass ich« – er sagt nicht wir – »das hübsche Asyl behalte, selbst wenn sie mich nie sieht oder sonst mit mir verkehrt.« Doch die, die er liebt und die in seiner Nähe lebt, nicht sehen? Unmöglich, stellt Wagner bald fest. Inzwischen hat er aus Paris von der Witwe Érard den versprochenen Flügel erhalten. Er öffnet die Fenster des »Asyl«, spielt auf ihm laut und vernehmlich Partien aus dem »Tristan«, die hinüber in die Villa wehen. »Dieses wundervoll weiche, melancholisch süße Instrument schmeichelte mich völlig wieder zur Musik zurück ... Wir sprachen uns nicht, aber mein Schwan sang zu Dir herüber«, schickt er ihr ein Billet die wenigen Meter hinüber.

»Luft! Luft! Mir erstickt das Herz«, lässt Wagner Isolde schon in der Ersten Szene des Ersten Aufzugs sagen und Brangäne bitten, die Vorhänge weit zu öffnen. Aber selbst wenn Mathilde in diesem Sommer die Fenster der Villa aufschlägt, dringt keine Luft herein, seit Monaten lebt sie in einem Treibhaus der Gefühle, hat keine Erleichterung gefunden, und nun nähren sie sich auch nur noch aus der Ferne. Wie weiter?

Wagner hat hingegen wieder Lust an der Musik gefunden, da die Liebeswirklichkeit ihn nicht mehr überfordert? Er kann die Kompositionsskizze zum Zweiten Akt von »Tristan und Isolde« vollenden und schickt sie hinüber mit einem schon Abschied ankündigenden Brief an Mathilde: »Welch wundervolle Geburt unseres schmerzenreichen Kindes!« Wagner weiß, diese Komposition ist aus der Liebe geboren, die sie einander verbindet. Verbunden hat? Und er fügt die verzweifelte Frage an: »So müssten wir doch leben?« Fragt weiter verzweifelnd und verzagend: »Von wem wäre zu verlangen, dass er seine Kinder verließe? –«

VERZICHT – FLUCHT?

Noch bleiben sie einander nah, doch eine Woche später am Dienstag, dem 6. Juli 1858, schreibt er Mathilde von Entsagung. »Die ungeheuren Kämpfe, die wir bestanden, wie könnten sie enden, als mit dem Siege über jedes Wünschen und Begehren?« Nennt die Entsagung, indes sie fragend, gar gemeinsames Ziel. Hofft er auf Widerspruch? »Haben wir nun aber nicht alle Kämpfe ausgekämpft? Oder welche könnten uns noch bevorstehen?« Ein Gedankenstrich lässt einen Moment Hoffnung, aber: »Wahrlich, ich fühle es tief: sie sind zu Ende!« Und wieder ein Gedankenstrich. »Als ich vor einem Monat Deinem Manne meinen Entschluss kund gab, den persönlichen Umgang mich Euch abzubrechen, hatte ich Dir – entsagt.« Er sei da aber noch nicht ganz »rein« gewesen, und nur eine »vollständige Trennung« oder eine »vollkommene Vereinigung unserer Liebe« hätte sie beide vor weiterer Bedrängung durch die beiden anderen Beteiligten, meint damit Minna und Otto Wesendonck, geschützt. Also Verzicht oder gemeinsame Flucht als Alternative. »Somit stand dem Gefühle von der Notwendigkeit unsrer Trennung die – wenn auch nicht gewollte – aber gedachte Möglichkeit einer Vereinigung gegenüber.« Nun wird Wagner ungewohnt moralisch: »Ich trat zu Dir, und klar und bestimmt stand es vor uns, dass jede andere Möglichkeit einen Frevel enthalte«, und nun noch moralischer, vielleicht auch nur vorgeblich, »der selbst nicht gedacht werden durfte.« Ist Entsagung für Wagner nicht vor allem eine Flucht?

In die sich Mathilde Wesendonck fügt? Und sich nicht traut, auf die Entsagung zu verzichten? Zum Frevel bereit wäre?

Der »Kampf« um die Entsagung, so Wagner, »wich einer mild versöhnten Lösung. Der letzte Egoismus schwand aus meinem Herzen«, gibt er nahezu erleichtert vor, da wirkliche Liebe ihn überfordert? Er zieht Bilanz: »So tief und schrecklich wie in den vergangenen letzten Monaten habe ich nie zuvor in meinem Leben empfunden«, spricht gar von einer Katastrophe und stellt fest, dass er zwischen zwei Frauen steht, der, die sein Leben bewohnt und an die er gewöhnt ist, Minna, und der, die er liebt, Mathilde. Der Zustand seiner Frau habe seine Stimmung zudem niedergedrückt, schreibt er Mathilde, die wohl kaum und nie hat verstehen können, was ihn an diese in ihren Augen biedere und banale Frau bindet. Er fürchte Minnas plötzlichen Tod, gibt er vor, und doch habe er ihr mitteilen müssen, sie zu verlassen, und müsse er nicht auch das »Asyl« verlassen? »Und was dieses Losreißen vom letzten Anker für mich hieß, das sage Dir selbst, die Du meinen Sinn so innig kennst, wie keine!«

Nun beginnt er gegenüber Mathilde zu lamentieren, sich als Verlorener darzustellen. »Floh ich einst vor der Welt«, nämlich in das »Asyl« der Wesendoncks, »wähnst Du, ich könnte nun wieder in sie zurückkehren? ... Ich kann – kann der Welt mich nicht wieder zuwenden«, steigert er die Dramatik des Briefes wie die eines Musikstückes aus seinen Opern: »O nein! – Von hier fortgehen, ist gleichbedeutend für mich mit – untergehen!« Hofft er, dass sie ihn kurz vor dem Untergang rettet? Ihn zu sich nimmt, mit ihm doch flieht? Da er aber im Grunde weiß, dass sie nie für ihn Mann und Haus verlassen wird, sucht er schließlich Rettung in sich selbst: »Mein Kind, ich kann mir nur noch ein Heil denken, und dies kann nur aus der innersten Tiefe des Herzens, nicht aber aus einer äußeren Veranstaltung kommen. Es heißt: Ruhe! Ruhe der Sehnsucht! Stillung jedem Begehren!«

Grau seien seine Schläfen geworden von den Kämpfen der letzten Wochen, fügt er noch hinzu und kündigt an, im Winter das »Asyl« und damit auch Mathilde zu verlassen. »Leb' wohl, mein lieber heiliger Engel«, schreibt er schon einmal vorsorglich und wird sie schon vor dem Winter verlassen.

Mathilde Wesendonck.
Photographie

Eine Woche nach dem Brief der Entsagung kehrt Minna Wagner von der Kur zurück. Wagner hat sie zusammen mit Carl Tausig und Joseph Tichatschek, der einst in Dresden den Rienzi gesungen hat, und den Wagner jetzt im Dachzimmer seines Hauses beherbergt, abgeholt. Die Diener haben den Eingang des »Asyl« mit Girlanden bekränzt. Ein Willkommensgruß. Minna zieht in ihr Haus wieder ein. Es wird gefeiert. Gäste sind da. Mathilde kann von den Kinderzimmern aus den Eingang des »Asyl« einsehen. Und was sie sieht, macht sie traurig und wütend, erstickt ihr Herz.

Minna hingegen scheint die Heimkehr und den herzlichen Empfang zu genießen. Auch Richard ist aufmerksam und gutmütig ihr gegenüber. Sie verlangt gar, die Girlanden am Haus und Gartentor einige Tage hängen zu lassen, um ein Zeichen zu setzen, was Mathilde erbost bemerkt. Und die Wagners empfangen Gäste im Haus. Die Stimmung im »Asyl« ist heiter, fast ausgelassen an diesen Sommertagen. So als wäre nichts geschehen. Doch dem ist natürlich nicht so, denn schon wenige Tage später kommt es zum heftigen Streit zwischen den Eheleuten. »Die Unglückliche hatte meinen Entschluss, Euer Haus nicht mehr zu betreten, auf ihre Weise verstanden und ihn als einen Bruch mit Dir aufgefasst«, wird Wagner Mathilde später rückblickend schreiben. »Nun glaubte sie, bei ihrer Rückkehr müsste sich Behagen und Vertraulichkeit zwischen uns einfinden. Wie furchtbar musste ich sie enttäuschen.« Sie verzieh ihrem Mann die Affäre, er ihr aber nicht, dass sie sich zwischen ihn und Mathilde gestellt und die Katastrophe ausgelöst hatte.

In diesem Sommer wurde das ganze Anwesen mit dem »Asyl« und dem Palast, mit dem Park, zu einem einzigen Treibhaus, in dem es unerträglich schwül war, und das nicht nur wegen der sommerlichen Hitze. »Ich fürchte, die Qual dieser Tage nicht ertragen zu können«, schrieb Minna, und Mathilde wird kaum anderes gesagt haben. Da kamen Hans von Bülow und Cosima nach Zürich, ein Himmelslabsal nannte Wagner ihren Besuch. Die Gäste betraten das »Asyl« ausgerechnet in dem Moment, als ein fürchterlicher Krach zwischen den Eheleuten tobte. So flüchteten sie in die Stadt, nahmen dort Quartier und bezogen erst Tage später das Gästezimmer im »Asyl«, nachdem Wagner ihnen geschrieben hatte: »Meine Frau lässt Euch bitten, unverzüglich bei uns einzuziehen; sie hofft auch auf die notwendige Wiederanknüpfung unseres Umgang mit Wesendoncks durch Euren Besuch bei uns das Beste.« Dann kam noch Karl Klindworth aus London zu Besuch. Das »Asyl« füllte sich in diesen Tagen immer mehr, selbst Marie d'Agoult, Cosimas Mutter, kam hinzu, und so konnte Minna Wagner alle bewirten und so tun, als würde das »Asyl« bestehen bleiben, obwohl ihr Mann ihr schon gesagt hatte, dass sie es für immer verlassen würden. Als Minna dann auch noch die Willes einlud, schrieb er denen: »Meine Frau, die so gern auf Anschein hält, hat Sie und Wille zu morgen eingeladen ... Wir haben nun so viel über-

Eliza Wille

wunden, dass auch ich hoffen darf, ein erträgliches Gesicht zu zeigen.«

Er bat seine Vertraute Eliza Wille noch, vorher bei Mathilde Wesendonck vorbeizuschauen und ihrer Freundin zu sagen, dass die ganze Gastfreundschaft nichts bedeute und nicht gegen sie gerichtet sei. In der Tat war es aber so, dass der Musenhof der Wesendonck verwaist war, das gesellschaftliche Leben fand nun nebenan in dem kleinen Fachwerkhaus bei Wagners statt, was Mathilde sehr verstimmte. Dort wurde musiziert, Wagner, Klindworth, Tausig und Bülow wechselten einander am Érard ab. Die Klänge wehten hinüber zur Villa, Mathilde Wesendonck hörte sie und schloss die Fenster, um sie nicht hören zu müssen. Trotz der drängenden Bitte Hans von Bülows weigerte sie sich, das Haus zu betreten, wo Minna waltete. Bülow musste schließlich am 9. August an Richard Pohl Trauriges vermelden: »Wagner verlässt binnen acht Tagen seine schöne Villa. Frau Wagner geht nach

dem Verkauf und der Einpackung der Möbel nach Deutschland.«
Wagner indes wusste nicht, wohin er gehen, ja fliehen sollte.
»It must be so«, schreibt Wagner auf ein Blatt Papier und schickt es hinüber, zu Mathilde. Die Koffer sind schon gepackt. Gegen Abend nimmt er zusammen mit Hans von Bülow die wenigen Meter Weg zur Villa und verabschiedet sich von Herrn von Wesendonck und seiner Frau. »Lebwohl! Lebwohl, Du Liebe! Ich scheide mit Ruhe. Wo ich sei, werde ich nun ganz Dein sein. Suche mir das ›Asyl‹ zu erhalten«, fügt er dem Abschied brieflich an, voll Hoffnung auf eine Wiederkehr? »Auf Wiedersehen! Auf Wiedersehen! Du liebe Seele meiner Seele!« Ein letzter Gruß, der Abschiedsgruß, den er zu Mathilde hinüberschicken lässt. Es folgt eine schlaflose Nacht. Mit Todesvisionen. Bang erwartet Richard Wagner den Tag. Lang blickt er hinüber zur Villa. Keine Tränen. Kurz vor fünf Uhr in der Frühe verlässt er das »Asyl«. »Tristan und Isolde« trägt er mit sich.

Richard Wagner. Portrait von Cäsar Willich, Biebrich 1862

DRITTER AKT
Entsagung – und was nun?

DIE ERSTE STATION seiner Entsagungsreise ist Genf. Dort mietet Richard Wagner eine Wohnung. Er will sich sammeln und warten, bis die große Sommerhitze vorüber ist, um nach Venedig weiterzureisen. In dem stillen Zuhause auf Zeit beginnt er das »Tagebuch seit meiner Flucht aus dem Asyl«, das er für die Frau, die er weiterhin liebt, führt. Liebe auf Papier. Dieser Akt der Geschichte von Mathilde Wesendonck und Richard Wagner wird das offene Drama entbehren können. Die Liebe auch? Im Tagebuch spricht er Mathilde wie in einem Brief an, beschreibt noch einmal die letzte Nacht im »Asyl« und dramatisiert sie mit einer Todesvision, die sich »in der Localität meines Schlafzimmers ausgebildet.« Sie ist vor allem pathetisch propagiertes Liebesideal in Anlehnung an seine »Tristan und Isolde«-Dichtung: »So würde ich liegen, wenn Du ein letztes Mal zu mir trätest, wenn Du offen vor allen mein Haupt in Deine Arme schlössest; und mit einem letzten Kusse meine Seele empfangest ... so auf Dich blickend starb ich.« Offen vor allen! Also kein Geheimnis mehr soll es sein, wie bis vor kurzem, sondern wie seit kurzem allen bekannt. Zumindest im Tod. Wenn er schreibt, dass dieser ihm die holdeste Vorstellung gewesen sei, die ihm nun aber, da sie einander hätten verlassen müssen, verloren gegangen sei, so drückt das zum anderen eine reale Angst aus, nämlich die, eines Tages mutterseelenallein und ohne Beistand sterben zu müssen.

Auch schildert er Mathilde den Abschied aus dem »Asyl«, das sie ihm, gegen den Widerstand ihres Mannes gewährt habe, und belastet noch einmal seine Frau, denn für ihn und für Mathilde ebenfalls sei sie es gewesen, die sie schließlich auseinandergebracht hätte, als sie den Brief erbrach und ihn Otto Wesendonck zu zeigen drohte. Selbst in der Stunde seines Abschieds von Minna sei ihre »alte rachsüchtige Heftigkeit« aufgelodert. »Sie ist unrettbar«, ist sein hartes, erbarmungsloses Urteil, und gibt doch Mitleid mit ihr vor. Nun aber sei er in einer Einsamkeit angelangt, »wo ich mit jedem Atemzug Dich lieben darf.« Ferne Liebe.

Für den 19. August hat Minna Wagner im »Tagblatt der Stadt Zürich« eine Annonce aufgegeben. »Zu verkaufen, wegen Abreise«, ist da zu lesen, für alle in Zürich, die es schon wussten oder noch nicht. Es folgt eine Liste von Möbeln: ein Spieltisch, ein Speisetisch mit 12 Stühlen, ein riesiger Spiegel, Bettgestelle, Matratzen, Teppiche und schließlich ein Weinschrank samt 300 Flaschen Wein. »Frau Wagner auf dem Gabler in Enge, neben Herrn Wesendonck.« Zahlreiche Gläubiger Wagners schreckt das so auf, dass sie die Möbel zeitweise sequestrieren lassen. Doch Wagner will nur seinen Érard-Flügel behalten, den Ignaz Heim auslösen und nachbringen lassen wird. Nur an dem Instrument, an seinem »Schwan«, hängt Wagner noch. Franz Liszt trifft in Zürich ein. Zu spät. Sein Freund, der ihn gebeten hatte, ihm in der großen Krise beizustehen, hat das »Asyl« bereits verlassen. Aus Genf nennt Wagner Liszt das Ziel der Flucht aus Zürich: Venedig. Dort könne er am besten allein sein. Erkundigt sich bei ihm, ob er wohl sicher sei, ob man ihn wohl ausliefern könne, da die Stadt zwar Österreich, aber doch nicht dem Deutschen Bund zugehörig sei. Schnell erhält er eine Versicherung, er könne in der Lagunenstadt ungefährdet bleiben.

Seiner Schwester Kläre in Chemnitz erzählt er brieflich seine Liebe zu Mathilde Wesendonck und ihre Vereitelung durch seine Frau, redet darin vieles schön, sucht die Schuld an der Katastrophe nur bei anderen, schont sich selbst. Wie immer. An Minnas Seite habe er es nur aushalten können durch »die Liebe jener jungen Frau, die mir anfangs und lange zagend, zweifeln, zögernd und schüchtern, dann aber immer bestimmter und sichrer sich näherte. Da zwischen uns nie von einer Vereinigung die Rede sein konnte, gewann unsere tiefe Neigung den traurig wehmütigen Charakter, der alles Gemeine und

Niedre fernhält.« Schließlich aber habe sich diese Liebe, die stets unausgesprochen geblieben sei, offenbart, nämlich »als ich vorm Jahre den Tristan dichtete und ihr gab.« Dann tut er seinem Gönner Otto Wesendonck schweres Unrecht, wenn er ihn der Eifersucht zeiht. Nach vielen Kämpfen zwischen Mathilde und ihrem Ehemann habe der in Sorge um die Kinder schließlich eine »entsagende Stellung«, bezogen. »Ihr Mann musste sich, ihr zu Liebe, mir stets freundlich und unbefangen zeigen«, was einer Lüge nahe ist wie auch die Feststellung, er habe ihn nur aufgrund des Drängens seiner Ehefrau unterstützt.

Vor allem gibt Wagner wiederum seiner Frau Minna Schuld an dem Zerwürfnis. Oft habe sie sich schon eifersüchtig, verhöhnend und herabziehend gegenüber Mathilde benommen, doch als sie den Brief erbrochen hatte, da wäre ihre ganze Einfalt und Bosheit zu Tage getreten. Die Wesendonck sei durch Minnas plumpes Auftreten tief verletzt worden, teilt er seiner Schwester mit. »Beide Frauen so dicht beieinander war fernerhin unmöglich«, ist das Resümee. Seine Ehe mit Minna sei von Anfang an unglücklich gewesen, urteilt er nun und gibt seiner Schwester zu verstehen, dass es mit dieser nun endgültig ein Ende habe. Ihre »ewige Zänkerei« sei mit seiner Lebensaufgabe nicht vereinbar. Nie habe er ihr seinen »inneren Genius« mitteilen können. Nur mit einem »geringeren Mann« als ihm hätte sie vielleicht glücklich werden können. Er schließt den Brief: »Ich will nichts von der Welt, als dass sie mir Ruhe zu den Arbeiten lässt, die einst ihr gehören sollen.« Eine Muse meint er nicht mehr zu brauchen, nur noch Muße. Erst wenn der Tristan vollendet sei, sei auch er selbst gerettet.

VENEDIG – FERNE LIEBE, NAHE LIEBE?

Am 25. August 1858, einem Mittwoch, bricht er in Genf auf, zusammen mit Karl Ritter, dem Sohn seiner Gönnerin Julie Ritter, und erreicht am Sonntag darauf sein neues Exil. »Venedig ist notorisch die Stillste, d. h. geräuschloseste Stadt der Welt«, schreibt Wagner an Franz Liszt. Das Wagengeräusch in den großen Städten mache ihn hingegen rasend. Vollkommene Ruhe herrsche in Venedig. »In solcher Umgebung kann man sich am leichtesten ganz ungeschoren erhalten.« Abgestiegen ist er mit Ritter im Hotel »Danieli« an der Riva, das er aber bald wieder verlässt, denn nach mehrtägigem Suchen hat Wagner eine Wohnung gefunden, und zwar bei dem österreichischen Eigentümer des Palazzo Giustiniani am Canale Grande, der wie viele andere Wiener, seitdem der italienische und internationale Adel die Stadt verlassen hat, mit dem Leerstand ihrer Paläste Spekulationsgeschäfte betreibt und sie in Wohnungen aufgeteilt den Fremden anbietet. Zwei geräumige Zimmer hat Wagner gemietet. Hocherfreut teilt er Minna, Mathilde und Eliza Wille die Adresse mit: Campiello Squillini Nr. 3228. An diesem »melancholisch heiteren Ort« will er nach den Wirren der letzten Monate endlich sein Innerstes sammeln, um seine Werke zu vollenden, muss aber noch auf seinen Érard warten, bis er sich seiner in Zürich begonnenen Oper zuwenden kann. »Hier wird der ›Tristan‹ vollendet – allem Wüten der Welt zum Trotz ... Dich mir erhalten, heißt mich meiner Kunst erhalten«, vertraut Wagner an einem der ersten Abende von Venedig seinem Tagebuch für Mathilde an. Sie hat ihm ihr Tagebuch der gemeinsamen Zürcher Zeit mitgegeben, das er viel später, wie fast alle ihre Briefe an ihn, vernichten wird. Sie haben einander versprochen, weiterhin füreinander Tagebuch zu führen. Bis sie sich wiedersehen?

»Mit ihm« – dem Tristan – »darf ich, kehre ich dann zurück, Dich zu sehen, zu trösten, zu beglücken!« Er ist ihr gemeinsames Werk, das weiß Wagner, weiß auch, ohne die Begegnung mit Mathilde Wesendonck hätte er diese Oper wohl nicht gedichtet und komponiert. Als der Flügel endlich angekommen ist, ist der Morgen dem »Tristan« gewidmet, zur blauen Stunde nimmt Wagner eine Gondel. »Wenn ich des Abends eine Gondelfahrt nach dem Lido mache, umtönt es mich wie solch' ein langgehaltener weicher Geigenton, den ich so liebe, und mit dem ich Dich einst verglich«, ruft so in Mathilde eine Erinnerung wach und fügt hinzu: »Nun kannst Du ermessen, wie mir da im Mondlicht auf dem Meere zu Mute ist.«

Ferne Liebe zu Mathilde, nahe Liebe zu »Tristan und Isolde«. Am 18. September ruft er Mathilde ins Gedächtnis zurück, wie er ihr vor einem Jahr den letzten Akt der Dichtung gebracht und sie daraufhin gesagt habe, nun habe sie keinen Wunsch mehr. Dies war der zündende Augenblick ihrer tiefen Liebe. »Zu dieser Stunde wurde ich neu geboren. – Bis dahin ging mein Vor-Leben: nun begann mein Nach-Leben.« Daraufhin vermischt oder verwechselt er im Tagebuch für Mathilde gar ihrer beider Liebe mit der von Tristan und Isolde, indes teilweise in einer bizarren Umkehrung: »So weihtest Du Dich dem Tode, um mir Leben zu geben; so empfing ich Dein Leben, um mit Dir nun von der Welt zu scheiden, um mit Dir zu leiden, mit Dir zu sterben.«

Wagner lebt in Venedig in einem unwirklichen Raum, der von der Erinnerung bewohnt wird, und wo er »losgelöst von allem Wünschen und Verlangen«, wie er an Hans von Bülow schreibt »gegen die Welt geborgen« sei. In diesem Trost, den ihm die Einsamkeit gebe, sehe und empfange er niemanden, öffne den Mund nur, wenn er mit Karl Ritter ein Restaurant aufsuche und nachmittags den Gondoliere rufe. Eliza Wille schildert er den Ablauf des Nachmittags: »Um 5 Uhr wird dem Gondoliere gerufen, denn ich wohne, dass wer zu mir will, übers Wasser muss. Durch die engen Gassen ›sempre dritto‹ nach dem Markusplatz zum Restaurant, wo ich gewöhnlich Ritter treffe.« Dort esse er gut, aber teuer, und dann besteige er wieder die Gondel »gegen den Lido oder den Giardino pubblico, wo ich gewöhnlich meine kleine Promenade mache und dann wieder in der Gondel zur Piazetta zurück kehre, um noch ein wenig auf und ab zu schlendern, im Café de la Rotunde mein Glas Eis zu nehmen, um dann mich zum Traghetto zu begeben, der mich über den melancholisch nächtlichen Canal zu meinem Palast zurückbringt, wo mich um 8 Uhr die angezündete Lampe erwartet.«

Wagner ist anfällig für den melancholischen Zauber der Lagunenstadt, denn dieser hilft ihm das Leben zu akzeptieren, lässt ihn nicht in Verzweiflung versinken, in eine Depression fallen. Hier hat er nach dem Desaster von Zürich eine, seine Welt gefunden, »aus der ich nun ohne Schmerz und Selbstbetrug nicht mehr herausverlangen kann. So fühle ich mich glücklich darin«, schreibt er in sein Tagebuch für Mathilde, und in einem Brief an Liszt, er werde die Welt nicht mehr fliehen, denn er habe Frieden mit ihr geschlossen. Wann je zuvor konnte Wagner außerhalb seiner Musik glücklich sein? »Die Diener treffen mich oft in heiterster Laune.«

Gelegentlich verweilt Wagner auch länger auf dem Markusplatz, da dort eine der Musikkapellen Weisen aus dem »Tannhäuser« und dem »Lohengrin« in zwar schleppendem Tempo spielt, was ihn ärgert, was er aber auch mit Stolz genießt in seiner neu gewonnenen Gelassenheit, selbst wenn er so tut, als ginge ihn das gar nichts an. Bisweilen besucht er das Theater, sieht so Schillers »Maria Stuart« mit der berühmten Schauspielerin Adelaide Ristori. Wenn er sich danach ins Bett begibt, so folgen keine schlaflosen Nächte mehr wie in den Jahren zuvor, denn er befinde sich, so teilt er Liszt mit, in einer Stimmung, »in der ich auch einen bisher fast nie gekannten und kräftigenden Schlaf gefunden habe.« Wagner klagt nicht mehr, er wird nicht krank, ist nicht voller Gram, wundert sich über sich selbst, wenn er ins Tagebuch schreibt, »habe fast gar keine Bitterkeit mehr.« Wagner fühlt sich wohl, ein Wunder. Das Wunder von Venedig. Er nennt es eine »vortreffliche Wahl.«

Seiner Frau Minna, die seine Sucht, wie ein Großbürger zu leben, allzu gut kennt, schildert er das Domizil als »großen altertümlichen Palaste. Zum Wohnzimmer habe ich einen großmächtigen Saal«, den er gegenüber Eliza Wille stolz als doppelt so groß wie den im Haus Wesendonck nennt, »auf den großen Kanal heraus; dazu ein sehr geräumiges Schlafzimmer mit einem kleinen Kabinettchen. Altes schönes Deckengemälde. Herrlicher Fußboden mit prachtvollem Mosaik ausgelegt ... altertümliche, scheinbar sehr elegante Möbel von rotem baumwollenen Samt, sehr zerbrechlich, miserabel gepolstert ... alles etwas caput. Der Wirt, ein Österreicher, ist glücklich, mich bei sich zu haben, und tut alles Mögliche, um mich zufrieden zu stellen.« Wie eine Theaterdekoration wirke sein neues Zuhause, die Wände seien rot oder grün gestrichen, teilt er Eliza Wille noch mit, und »ein immenser Flur gibt mir Raum zur Morgenpromenade; auf der einen Seite stößt er mit einem Balkon auf den Canal, mit dem anderen auf den Hof mit einem kleinen gepflegten Garten.«

In diesem ein wenig verfallenen, aber typisch venezianischen Idyll

Der Palazzo Giustiniani in Venedig, in dem Wagner die Arbeit an
»Tristan und Isolde« fortsetzte

ist der Morgen bis in den frühen Nachmittag hinein der Komposition gewidmet, seitdem der Érard Platz in den hohen Räumen des Palazzos gefunden hat, wo er tönt wie nie zuvor. Auch hier überkommt ihn die Erinnerung an einen anderen Palast, den der Wesendoncks. In ihm hat er Mathilde »unsere Lieder«, so nennt er es, vorgespielt, die er nach ihren Versen komponiert hat. Da er ihr die Noten geschenkt hat, besitzt er nur noch Bleistiftskizzen. Kaum ist der Flügel aufgestellt, setzt er sich an ihn, spielt als erstes die fünf Lieder aus dem Gedächtnis und schreibt sie nun sorgfältig auf. »Bessere Lieder habe ich nie gemacht«, schmeichelt er ihr und sich gleich mit. »Nur sehr weniges von meinen Werken wird ihnen zur Seite gestellt werden können.«

In diesen Liedern, mit denen sie auch im »edelsten Sinn Dichterin geworden« sei, erklingen zudem Akkorde und musikalische Phrasen, die sich im »Tristan« wiederfinden, und so treibt ihn auch diese Erinnerung an, die Oper zu vollenden. »Was wird das für Musik!« feuert er sich selbst an, nennt sie »die tiefe Kunst des tönenden Schweigens« und vertraut Mathilde im Tagebuch an: »Ich könnte mein ganzes Leben nur noch an dieser Musik arbeiten«, wie er davon träumt, sein ganzes Leben bis zum Tod in der Erinnerung an sie, die Muse, die Geliebte zu verbringen.

Da erhält er die Nachricht, Guido, der Sohn Mathildes und Otto Wesendoncks, sei im Alter von drei Jahren verstorben. In sein Tagebuch für sie, dessen ersten Teil er ihr kurz zuvor gesandt hat, schreibt er seine Trauer um ihren Sohn ein, und das Mitleid, das er empfinde. Auch aus schlechtem Gewissen, weil er die Patenschaft für Guido verweigert hat? Seine Arbeit am »Tristan« habe er unterbrechen müssen, gibt er vor, erwägt gar, sofort zu ihr zurückzukehren, um ihr Trost zu spenden, hat dies aber nicht ernsthaft vor, erzählt indes von seinem eigenen Albtraum, der ihn tief bedrückt habe: »Ich stand auf dem Balkon und blickte in den schwarzflutenden Canal hinab: Mein Sprung, mein Fall wäre nicht vernommen worden. Ich war der Qualen frei, sobald ich sprang. Und die Faust ballte ich dazu. Mich auf das Geländer zu erheben. – Konnte ich – mit dem Blicke auf Dich, – auf Deine Kinder? –« Und er spinnt die Szene dramatisch weiter, ob nun wirklicher Albtraum oder erfunden, die in eine eigene Todesliebesvision mündet: »Da ich die Hand von dem Geländer des Balkons zurückzog, war es nicht meine Kunst, die mich hielt! In diesem furchtbaren Augenblicke zeigte sich mir mit fast sichtbarer Bestimmtheit die wahre Achse meines Lebens, um die sich mein Entschluss vom Tode zum neuen Dasein herumdrehte: es warst Du! – Du! – Wie ein Lächeln überflog mich's –: Wäre es nicht wonniger, in ihren Armen zu sterben?«

»VERSTEINERTE ABWESENHEIT«

Nach der überstürzten Flucht Wagners und dem öffentlichen Aufsehen, das die Affäre erregt hat, gerät Mathilde Wesendonck in eine gewisse Isolation, lebt zurückgezogen, verlässt das Anwesen auf dem Hügel nur selten und pflegt kaum noch gesellschaftlichen Umgang mit den Freunden und Bekannten aus der Stadt, nach dem Tod ihres Sohns noch weniger. Kein Musenhof mehr, keine Musik, nur noch sie allein mit den Kindern und dem Mann. »Versteinerte Abwesenheit«, nennt Adelheid von Bieberstein es. Mathilde Wesendonck ist einsam, vertieft sich in eine innere Welt, die wie in ihrer Kindheit von Fabel- und Märchenwesen bewohnt ist, schreibt Sagen, Legenden und Volkslieder neu auf, fügt eigene Gedichte hinzu, die vier Jahre später auch als Buch erscheinen werden. Im Dezember sollte sie Wagner eines der von ihr verfassten Märchen »Der fremde Vogel« nach Venedig schicken. Über die Dichtung haben sie sich gefunden, Wagner und sie. Während er nun seine Oper beendet, gibt sie sich weiterhin der Dichtkunst hin.

In der Stadt und darüber hinaus redet man immer noch über die Liaison auf dem grünen Hügel, und was man darüber nicht weiß, spekuliert und erfindet der Klatsch. »Widerliches Gerede«, nennt Wagner diese Gerüchte in einem Brief an François Wille, der ihm vorgeworfen hat, durch seine Flucht aus Zürich »die Sache welt -und stadtkundig« gemacht zu haben. Nur mit ihrer Vertrauten Eliza Wille tauscht Mathilde sich noch aus und erzählt ihren Kummer. Briefe Wagners hat sie zurückgewiesen und ungeöffnet über sie nach Venedig zurückgeschickt, was ihn tief getroffen hat. Und so nimmt er immer wieder Madame Wille als Botschafter, gar als Postillon d'amour, wenn er ihr aufträgt: »Grüßen Sie den teuren Engel viel tausendmal; und auch die sanfte Träne, die mir rinnt, soll sie nicht verschmähen.« Doch François Wille bittet Wagner energisch darum, er möge den Kontakt zu Mathilde Wesendonck gänzlich abbrechen. Erst nach dem Tod ihres Sohns Guido, den ihr Mann Wagner per Brief mitgeteilt hatte, kommt es allmählich zu einer erneuten Annäherung, und gegen Ende des Jahres gehen bisweilen Briefe zwischen Wagner und Mathilde hin und her. In ihnen spricht Wagner allgemein und unverdächtig vor allem über seine Erkenntnisse, die er durch den Buddhismus und Schopenhauer gewonnen habe. Liebeserklärungen vermeidet er, versteckt sie in dem Tagebuch, das er weiterhin für sie führt. Zwischen den Briefen und Tagebüchern spreche, wenn er komponiere, Tristan für ihn, und dann lebe er mit sich selbst, notiert er im Tagebuch für sie. Tristan, c'est moi? Und lebt nur durch sie? Ärztin hat er Isolde in seiner Dichtung genannt.

Am 22. Dezember verfasst er die Notiz: »Seit drei Tagen trug ich mich mit jener Stelle ›Wen du umfangest, wem du gelacht‹ – und ›In deinen Armen, dir geweiht‹ usw. Ich war lange unterbrochen und fand die rechte Erinnerung nicht wieder. Es machte mich ernstlich unzufrieden. Ich konnte nicht weiter. – Da klopfte Koboldchen«, – so hatte er Mathilde als Muse wohl in Anspielung auf eine Komödie Calderóns oder auf ein Grimmsches Märchen schon in Zürich genannt. »Es zeigte sich mir als holde Muse. In einem Augenblick war mir die Stelle klar. Ich setzte mich an den Flügel und schrieb sie so schnell auf, als ob ich sie längst auswendig wüsste.« Selbst aus der Ferne hat sich Mathilde als Muse bewährt, und er fügt noch an: »Wer streng ist, wird etwas Reminiszenz darin finden, die ›Träume‹ spuken dabei«, und meint dabei eins ihrer Lieder, schließt die Tagebuchnotiz, nachdem er ihr wenige Tage zuvor seine »Tristan«-Dichtung in einem violettsamtenen Einband, den er bei einem venezianischen Buchbinder in Auftrag gegeben hatte, nach Zürich zum Geburtstag geschickt hat: »Du Liebe! – Nein, bereue es nie, mich zu lieben! Es ist himmlisch!«

Das erste Jahr von Venedig, das indes nur vier Monate gedauert hatte, ging mit dieser Liebeserklärung zu Ende. Lange wird Richard Wagner nicht mehr in der Serenissima bleiben können. Erneut wird er sich auf Wanderschaft begeben müssen.

VERLORENES PARADIES

War Richard Wagner in diesen wenigen Monaten die Entsagung gelungen? Oder hatte er sich nur eingeredet, sie könnte gelingen? Alles sei überwunden, hatte er Franz Liszt Mitte Oktober gemeldet, Entsagung also erreicht, und er blickte noch mal auf diese Liebe zu Mathilde zurück. »Was aus den Geburtswehen der Schmerzen und Leiden sich als Gewinn herausstellen musste, hat sich in schönster Fülle gezeigt. Die Liebe einer zarten Frau hat mich beglückt: Sie konnte sich in ein Meer der Leiden und der Qualen stürzen, um mir zu sagen – Ich liebe Dich.« Und nun gab er vor, nur sie hätte, er aber kaum gelitten: »Was sie zu leiden hatte, kann nur ermessen, wer ihre ganze Zartheit kennt – Nichts wurde uns erspart; dafür aber – bin ich nun erlöst, und sie ist selig, weil sie's weiß.« Zu einem neuen Dasein fühle er sich genesen, und sein Asyl sei nunmehr an keinen Ort der Erde mehr gebunden, denn diese Liebe sei ihm zur Katharsis geworden.

Nur: Je länger er fern von Mathilde war, desto mehr geriet der Vorsatz zu entsagen ins Wanken. Als er dann vom Tod ihres Sohnes Guido erfuhr, trat das Mitleid in sein Blickfeld, als ein möglicher Weg zurück zu ihr und als Katalysator ihrer erneuerten Liebe. An ihren Mann schrieb er auf dessen Nachricht über den Tod des Sohnes, dass er innig mit ihnen leide. Und an sie im Tagebuch: »Ich kann mit Dir leiden und trauern, könnte ich etwas Schöneres tun?«, woraus er wenige Tage später schloss: »Weißt du denn wirklich noch nicht, wie ich nur von Dir lebe? Dir gleich, Deiner würdig zu sein, ist die Haft meines Lebens.« Und die Tränen, die er vergieße, seien die Tränen der Liebe. »Könnten sie Dich heilen?«

Schopenhauer kam ihm da erneut zu Hilfe, den er in diesen Herbsttagen von Venedig wieder las, für den das Mitleid, nachdem man sich selbst aller Wünsche entledigt habe, Voraussetzung von Befriedigung und Glück sei. Wagner drückte es, ausdrücklich als Fortführung der Gedanken Schopenhauers gemeint, im Tagebuch komplizierter aus, wenn er schrieb, er gelange »mit größter Bestimmtheit dazu, in der Liebe die Möglichkeit nachzuweisen, bis zu jener Erhebung über den individuellen Willenstrieb zu gelangen, wo, nach gänzlicher Bewältigung dieses, der Gattungswille zum vollen Bewusstsein kommt, was auf dieser Höhe dann notwendig gleich bedeutend mit vollkommener Beruhigung ist.« Ein Selbstbetrug?

Zusätzlich kam ihm noch Wilhelm von Humboldt zu Hilfe, wenn er sich im Tagebuch auf eine gemeinsame Lektüre mit Mathilde bezieht, hat dieser doch geäußert: »Freundschaft und Liebe bedürfen des Vertrauens, aber bei großartigen Seelen nie der Vertraulichkeiten.« Dass er eine großartige Seele besitze, davon war Wagner ohne irgendwelchen Zweifel überzeugt, und dass sie eine besitze, daran zweifelte er auch kaum. Und doch? Führt nicht auch dieser von Humboldt geliehene Satz zu einer Täuschung seiner selbst? Häufig finden sich in den Briefen Wagners bewusste Täuschungen und Ausflüchte gegenüber den Briefpartnern, ja Lügen, besonders gegenüber Frauen, doch bisweilen scheint es so, als würde er sich selbst belügen oder würde gar seine Lügen für Wahrheit nehmen.

Anfang Januar 1859 führt Richard Wagner seinem Freund Franz

Liszt gegenüber wieder einmal Klage, spricht von den »Lebensbeschwerden«, denen er ausgesetzt sei. Das Leben sei kein Genuss, und so plage er sich mit dem »Jetzt-noch-fort-leben« einzig allein nur, um »eine Reihe von Kunstwerken, die in mir noch Lebensantrieb haben, zu vollenden.« Dafür aber brauche er Geld und immer wieder Geld, bittet seinen Freund, bei den deutschen Fürsten eine Kollekte anzuregen, eine Art Fonds zu gründen, damit er unabhängig von finanziellen Sorgen und in Behaglichkeit sein Lebenswerk in den nächsten zehn Jahren, die er glaubt noch vor sich zu haben, beenden könne. Eine Amnestie und eine Rückkehr nach Deutschland habe für ihn nur einen »relativen Wert«, und der »einzige positive Gewinn« wäre, ihn öfter sehen zu können.

»Mir ist es jetzt sicher, dass ich in wenigen Monaten die Amnestie erhalten werde«, schreibt Wagner einen Tag später hingegen an seine Frau, und dann komme es auch wieder zu einer Wiederbegegnung mit ihr, von der er schon seit Wochen spricht, als wäre er nicht seit langem entschlossen, Minna zu verlassen. Auch kein Wort wie in dem Brief an Liszt von »Lebensbeschwerden«, sondern: »Ich bin mit ruhigem Sinn und aufrichtig guter Hoffnung in dieses Jahr getreten! Mir sagt, dass es ein glückbringendes sein wird«, meint dasselbe Jahr, das er seinem Freund gegenüber vierundzwanzig Stunden zuvor als »verhängnisvoll« bezeichnet hat.

»Deine Liebkosungen – sie sind die Krone meines Lebens, die wonnigen Rosen ... Nun bin ich stolz und glücklich!« notiert er in denselben ersten Januartagen in seinem Tagebuch für Mathilde. Was nun? Ist er glücklich? Oder ist er voller Lebensbeschwerden? Ist er hoffnungsvollen Sinnes? Je nach Adressat variiert Wagner seine Mitteilungen über sein derzeitiges Lebensgefühl. Er ist ein Genie der Verstellung. Wenn er an Liszt von den Lebensbeschwerden schreibt, so hat das zum Ziel, ihn einzuspannen für eine gesicherte finanzielle Existenz. Teilt er Minna mit, er werde bald zu ihr nach Deutschland zurückkehren, so will er zum einen aus Mitleid sie beruhigen, zum anderen aus Unsicherheit über seine Zukunft seine Frau nicht ganz verlieren, sie sich als möglichen Lebenshafen bewahren. Gleichzeitig verfasst er ein heftiges Liebesbekenntnis an seine Geliebte, in der Hoffnung, eines Tages zu ihr zurückkehren zu können.«Bereue sie nie, diese Liebkosungen, durch die Du mein dürftiges Leben schmücktest. Ich kannte sie nicht, diese wonnigen Blumen ... Was ich als Dichter geträumt, musste mir einmal«, will heißen einziges Mal, »so wundervoll wahr werden ... An Deinem Herzen, in Deinem Auge, von Deinen Lippen – ward ich der Welt enthoben.« Doch die harte, erbarmungslose Welt hat ihn dennoch bald wieder. Mathilde ist weder Senta noch Isolde, die ihn wie auch immer auf Dauer retten kann.

Wagners materielle Existenz ist bald wieder einmal bedroht, denn sein Versuch, ein großbürgerliches Leben in einem Palazzo zu führen, ist zu kostspielig. Julie Ritter wird ihm die Pension, die er von ihr nach mehrmonatiger Unterbrechung wieder erhält, aufkündigen, da auch sie durch geschäftliche Verluste finanzielle Sorgen hat. Die Einnahmen aus den Opernaufführungen in Deutschland, obwohl zahlreich, reichen nicht aus für seinen Lebensstil. Es kommt gar zu einem Streit mit seinem Freund Franz Liszt, dem die dauernden »Ich brauch' Geld«-Rufe auf die Nerven gehen, und der ihm erwidert, Kunstwerke seien keine Aktien. Er fühlt sich durch eine Briefzeile von Sylvester verletzt, in der Wagner schroff schrieb: »Schick Dante und Messe! Aber zunächst – Geld!«

Durch die quasi Gleichsetzung von Liszts »Dante-Sinfonie« und seiner »Graner Messe« mit der Forderung nach Geld hat er seinen engsten Freund verprellt, sodass dieser den Briefwechsel zeitweilig einstellen wird, so sehr sich Wagner im fernen Venedig in den folgenden Wochen auch bemüht, den Streit zu besänftigen. Wagner klagt wieder, gegenüber Mathilde Wesendonck, es sei ihm zu kalt im Winter von Venedig, wo er wie nie zuvor viel mit dem Ofen verkehre. »Gefroren habe ich bisher nur in Italien, nicht in der Villa Wesendonck,« beschwört er in ihr die Erinnerung auf. Auch gefalle ihm Venedig nicht mehr wie anfangs wegen des »furchtbaren Menschengedränges.« An Hans von Bülow schreibt er: »Hab viel Not, Sorgen und Kummer.« Venedig ist eben auch nur Paradies auf Zeit für Wagner, er ist seiner überdrüssig, bald will, bald muss er wieder auf Wanderschaft gehen. Kurz nach seiner Ankunft in der Lagunenstadt hatte er schon voller Ahnung von der Vagheit von Vergangenheit, Gegenwart und Zukunft wie ein Poet an Eliza Wille geschrieben: »Wenn ich abends auf dem Wasser fahre, über die Meeresfläche blicke, die spiegelhell und unbewegt sich am Horizont so an den Himmel anschließt, dass durchaus kein Unterschied zu erkennen, die Abendröte des Himmels sich mit dem Spiegelbild im Wasser sich vollständig vereinigt, so habe ich ganz treu im Bilde meine Gegenwart vor mir: Was Gegenwart, Vergangenheit oder Zukunft, ist so wenig zu unterscheiden wie dort Himmel und Meer.«

WOHIN?

»Mir ist heute von der Polizei meine Ausweisung angezeigt worden, Sachsen hat nicht eher in Wien Ruhe gelassen«, meldet Richard Wagner am 3. Februar 1859 voller Entsetzen Hans von Bülow, sieht er doch erneut sein Exil gefährdet, empört sich über die »sächsische Schikane«, erwägt, nie wieder Deutschland sehen zu wollen, und konstatiert resigniert: »Es scheint, ich soll zu keinem Anflug von Ruhe kommen.« Wo soll er hin, wenn er nicht mehr in Venedig bleiben kann? Wie und wo soll er den »Tristan« beenden? In den folgenden Tagen ersucht er um Aufschub der Ausweisung, um zumindest den Zweiten Akt der Oper in seinem Palazzo am Canale Grande vollenden zu können. Man rät Wagner, er solle sich wegen irgendeiner Krankheit ein ärztliches Attest besorgen, das ihm Reiseunfähigkeit bestätigt. Das lässt er dem Erzherzog Maximilian, dem Gouverneur von Lombardo-Venetien (und späteren Kaiser von Mexiko), in Mailand vorlegen, der den Ausweisungsbeschluss sofort aussetzt. Doch dauerhaftes Bleiben in Venedig wird Wagner verwehrt, sodass ihm nur eine noch eine knapp bemessene Frist bleibt, sich ein neues Asyl zu suchen.

Nun verlässt ihn sein Lebensmut wieder einmal, sein Lebensüberdruss wächst an. Kränklichkeit stellt sich ein, und Wagner diagnostiziert an sich selbst den Zusammenhang zwischen psychischem Unwohlsein und körperlichem Befinden, besonders an den Unterleibskrämpfen, die ihn nun erneut tagtäglich plagen. Alter Kummer komme zu neuem Kummer, teilt er Eliza Wille mit und denkt dabei an den

Abschied von Venedig, dem Ort in der Welt, der ihn für einige Monate glücklich gemacht hat, fand er doch zuvor seine Glücksfähigkeit nur in der eigenen Musik bestätigt und bisweilen in der Liebe zu Mathilde Wesendonck. Das Tagebuch für sie führt er nicht mehr, da sie nun wieder vermehrt reale Brief austauschen. »So haben wir denn immer zu kämpfen, nur um zu sein, was wir sind ... So habe ich denn Sorgen und Sorgen – wohin ich blicke«, vertraut er Mathilde an, »die Welt macht mir's schwer, liebes Kind! Kann es nun wohl anders sein, als dass ich auch Ihnen Sorgen mache? Sie sorgen sich doch nur um meiner Sorge willen«, behauptet er in seinem eitlen Wahn und folgert: »Ach! Sie helfen mir ja immer so liebreich; und wo sie mir nicht helfen, da helfe ich mir mit Ihnen.« Auch eine Art und Weise von Selbstbefriedigung.

Luzern, Paris, New York? Wohin nun also soll er sich wenden in seiner Ratlosigkeit? Mariafeld bei Zürich? Oder doch irgendwo in Deutschland? Vielleicht Karlsruhe? Wagner setzt Hoffnung in den Großherzog von Baden, der ihm auch gegen den sächsischen Bann Asyl gewähren könnte, und an dessen Hoftheater seine Oper »Tristan und Isolde« im September des Jahres zur Aufführung gelangen soll. Dazu hat er den Intendanten Eduard Devrient gedrängt. New York? Dorthin hat man ihn eingeladen, seine Opern aufzuführen. Paris? In der Stadt an der Seine könnte er versuchen, eine Aufführung des »Tannhäuser« durchzusetzen, damit er die Hauptstadt Europas endlich erobert. Oder Mariafeld bei Zürich, wo er nicht nur wie in Luzern seinen geliebten Alpen nahe sein könnte, sondern auch seiner Geliebten?

Bevor er sich für ein neues Asyl entscheidet, unternimmt Wagner erneut einige Demarchen, um eine Amnestie des sächsischen Königs zu erhalten. Er wendet sich an den Generalintendanten des Dresdener Hoftheaters, August von Lüttichau, mit der Bitte, sich für ihn bei Hof zu verwenden, erhält von ihm indes nur die lapidare Antwort, er könne nichts bewirken. Diese verwundert wenig, hat doch Wagner in dem Brief, wenn auch nur nebenbei, die ungenügende Beschaffenheit der deutschen Theater für die Aufführung seiner Werke beklagt, was Lüttichau auch auf sein Theater beziehen muss. Enttäuscht über die Antwort, schreibt Wagner zwei Wochen später an den sächsischen Justizminister Johann Heinrich August Behr ein »ergebenstes Gesuch«, bittet um Gnade, nennt sein damaliges Eintreten für den Aufstand von 1849 »mein unbesonnenes Benehmen.« Doch auch dieses devote Bittgesuch wird abgelehnt, sodass ihm eine Rückkehr nach Deutschland weiterhin verwehrt bleibt. Was bleibt noch? New York? So kosmopolitisch ist Wagner nicht, dass er sich über den Atlantik traute, und die Londoner Krankheit hängt ihm noch nach. Paris? »Paris ist der vom Schicksal bestimmte Ort«, schreibt er Liszt, nachdem dessen tiefe Verstimmung ein wenig gemildert ist. Wagner kann es immer noch nicht verwinden, dass er in der Seinestadt schon zweimal nicht reüssiert hat, will es ein weiteres Mal wagen. Über Émile Ollivier, den Ehemann von Liszts Tochter Blandine, versucht er bei dessen Freund Léon Carvalho, dem Direktor des »Théâtre Lyrique«, eine Aufführung seines »Tannhäuser« zu erreichen. Doch auch dieser Vorstoß verläuft erst einmal im Sande. Und so bleibt nur noch die Schweiz als erneute Zuflucht. Gegenüber Liszt erwähnt er gar, er hoffe zeitweise, in das »Asyl« bei den Wesendoncks zurückkehren zu können. Doch das wäre zu kühn und zu früh, das weiß er und gedenkt, einige Meilen weiter entfernt unterzukommen, in Mariafeld bei den Willes. Also wendet er sich an Eliza Wille, nicht an ihren Mann, weil er sie ihm gewogener weiß, fragt, ob sie ihm ab dem 1. April zur Vollendung des »Tristan« die obere Etage ihres Hauses zur Verfügung stelle. Dann hätte er »ein Himmelreich«, schmeichelt er ihr. Doch ihr Mann lehnt ab, fürchtet Aufsehen und Ärger mit der Zürcher Gesellschaft, die Wagner die plötzliche Flucht und den Skandal übel genommen hat, fürchtet auch eine Verstimmung mit Otto Wesendonck, wenn der Liebhaber seiner Frau wieder in der Nähe auftaucht. Bleibt also nur noch eine entferntere Nähe, bleibt Luzern als Ziel.

Nachdem Wagner seiner Frau mitgeteilt hat, er würde möglicherweise wieder Zürich als Wohnort wählen, worauf sie erneut in Eifersucht verfällt, beeilt er sich, ihr mitzuteilen, er habe zu Zürich »keine Spur von Lust«, schlägt ihr indes vor, nachdem seine Oper vollendet sei, mit ihr nach Paris zu gehen. Vorerst bereitet er den Umzug nach Luzern vor. An den Zürcher Chorleiter Ignaz Heim, der ihm trotz der

Ereignisse weiterhin gewogen ist, schreibt er, diese Stadt sei der geeignete Ort, um »Tristan und Isolde« zu beenden. Da sei er ungestört, und der Vierwaldstättersee, die nahen Alpen und die reine Luft würden sowohl seinem Gemüt als auch seinem leidenden Körper gut tun. Er beauftragt ihn nicht nur, für den Transport seines Flügels zu sorgen, sondern bittet ihn dringend, niemandem zu verraten, dass er nach Luzern komme. »Man mag es so spät wie möglich in Zürich erfahren; und der Klatsch kommt dann zeitig genug.«

Noch aber lebt und komponiert Wagner in Venedig. Am 10. März kann er Mathilde, der Mitwisserin von »Tristan und Isolde«, melden und meldet es auch nur ihr, er habe am Tag zuvor endlich den Zweiten Akt der Oper beendet. »Es ist der Gipfel meiner bisherigen Kunst«, fügt er hinzu. Er hat den Brief einem Antwortbrief an ihre achtjährige Tochter beigelegt, die dem »Onkel Wagner« zuvor geschrieben hat, denn das erscheint ihm unverdächtiger.

Vierzehn Tage später verlässt er Venedig. »Jedenfalls gehe ich sehr gern fort«, will er seiner Frau weismachen, und war doch in der Serenissima so glücklich wie selten zuvor. Indes haben sich Unruhe und Herzklopfen schon seit einigen Wochen seiner bemächtigt, und dies nicht nur wegen der behördlichen Ausweisung. Lange kann er nirgends bleiben, obwohl er sich immer wieder nach einer dauernden Bleibe sehnt. Es ist die Unruhe des ewigen Wanderers zwischen den Welten, die ihn wegtreibt, anzieht und erneut wegtreibt. Auch Luzern wird nur ein Asyl auf Zeit. Drei Monate gibt er sich. Und dann? Wenn seine Oper der Opern beendet ist? Wohin? Zu Mathilde? Oder zurück zu Minna? Mit ihr nach Paris? Wer weiß, wie es wird.

SEHNSUCHTSAKKORD UND ISOLDES LIEBESTOD

Der Érard-Flügel reiste voran. »Freund Schwan«, wie er ihn gegenüber Mathilde Wasendonck nannte, er hatte den Palazzo schon verlassen, als sich Wagner auf den Weg machte, einen letzten Blick auf den Canale Grande warf, ein Boot bestieg und die Serenissima hinter sich ließ. »So habe ich denn in Ihrem Namen, Freundin, Abschied genommen von meinem träumerischen Venedig«, teilte er seiner Geliebten mit, denn so fern sie ihm auch war, Mathilde hatte ihn unablässig umgeben. War er mit Tristan und Isolde, dann war er mit ihr. »Träume«. Und in dem Dritten Akt ihrer beider Oper wird er, das weiß er nun schon, ihrer Liebe ein neues Denkmal setzen, nimmt es doch das musikalische Motiv aus einem anderen ihrer Lieder wieder auf: »Im Treibhaus«. Dabei werden die ersten Töne einen dreimaligen tiefen Seufzer nachbilden, Ausdruck einer Verzweiflung. Wagner wird Mathilde bald näher sein, doch wird er ihr auch erneut nahe kommen?

Nachdem er die Brenta entlang gefahren war, erreichte er die erste Station seiner Reise, Mailand, schrieb ihr: »Wie eine neue Welt umfängt mich das Straßengeräusch, der Staub und die Trockenheit, und Venedig dünkt mich wie ein Märchentraum.« Wer irgendwann Venedig verlassen hat, weiß, von welcher Empfindung er spricht. »Sie werden einmal einen Traum hören, den ich dort zum Klingen gebracht habe«, eben seine Oper – aber wird sie jemals? –, berichtet ihr aber auch von einem veritablen Traum – oder hat er ihn erfunden? –, von einer Liebeserklärung in Form eines Traums. Zwei Tauben hätte er abgeschickt, um ihr seine Ankunft zu melden, und als sie über den Park der Villa geflogen wären, hätte sie, Mathilde, einen mächtigen, buschigen Lorbeerkranz in den Händen gehalten, mit dem sie schließlich das Taubenpaar eingefangen hätte. »Dazu fiel plötzlich, wie beim Sonnendurchbruch nach dem Gewitter, ein so blendender Lichtglanz auf Sie, dass ich davon erwachte.« Ihren Einwand ahnend, ob er sich das denn nicht doch ausgedacht habe, beugt er gleich vor, gibt an, das habe er wirklich geträumt. »Mein armer Kopf hätte so etwas nicht mit Absicht erfinden können!« Auch wenn die Traumtauben seine Ankunft bei ihr ankündigten, er wird nicht bei ihr sein können, wird in Entfernung verweilen müssen. »Bald bin ich nicht mehr weit von ihnen.«

Vor der Weiterfahrt in den Norden stand er in Mailand staunend vor da Vincis »Abendmahl« und besichtigte die »Pinacoteca di Brera«, berauschte sich an Daniele de Crespis »Heiligem Stephan« und Anton van Dycks »Antonius« und deren Todeswonne der Märtyrer, gegen die er, wie er Mathilde Wesendonck erzählte, alle »lebensfreudigen Gestalten und Venusse« armselig finde. Er bestieg noch das Dach des Marmordoms, fand ihn in seiner Großartigkeit langweilig, nahm dann erst den schneebedeckten Gotthardpass über die Alpen und langte in Luzern an, wo er sich im »Schweizerhof« einquartierte. Im Dependancegebäude des Hotels, das im Frühjahr leer stand, bezog er zwei Zimmer mit herrlichem Ausblick über den See und die Berge. Die Schweizer Luft tue ihm wohl, meldete er Minna, die sich vor allem darum sorgte, dass ihr Mann jetzt wieder in der Nähe ihrer Rivalin lebte.

Ohne verstimmt zu sein, habe der Flügel, das unglaubliche Instrument, ebenfalls den Gotthard überquert, teilt er Mathilde Wesendonck mit, und er selbst ist auch nicht verstimmt, seine Stimmung sei vortrefflich. Er fühle sich in seiner neue Wohnung, die behaglich eingerichtet sei, »heimatlich«, meldet er seiner Frau, die nun im steten Wechsel mit Mathilde Wesendonck Nachricht von ihm erhält, wobei die Briefe sich doch grundlegend unterscheiden. Mit der Muse kann er sich über seine Musik und die Literatur, so über Goethes wunderbaren »Tasso«, austauschen, mit Minna nur über Alltägliches oder über die ehemaligen Zürcher Freunde, wie die Herweghs, die er nun »Gesindel« nennt. Besonders verabscheut er Emma Herwegh, die er der Klatschsucht zeiht, ihr solle Minna nichts glauben. Denn »der böse Punkt«, so nennt er den Zürcher Eklat vor acht Monaten, nährt weiterhin Minnas Misstrauen. Auch Gottfried Semper, den Freund, nennt er nun ein »richtiges Waschweib«, was nur daher komme, dass der wie Herwegh jeden Abend eine Zürcher Kneipe aufsuche. Wir gehen, wenn der »Tristan« vollendet sein werde, zusammen nach Paris, beteuert er seiner Noch-Ehefrau immer wieder.

»Der Traum des Wiedersehens ist nun geträumt«, schreibt Wagner wenige Tage nach seiner Ankunft in Luzern. Doch nicht seine Ehefrau hat er wieder gesehen, sondern seine Geliebte. Er ist zu ihr nach Zürich gereist, hat sie und ihren Mann aufgesucht. In aller Ziemlichkeit. Wesendonck hat ihn in seiner Kalesche am Bahnhof abholen lassen. Eine Demonstration. Man will zeigen, an allem Klatsch und Gerede ist nichts wahr. Die Wesendoncks empfangen den Kapellmeister und Komponisten Wagner als einen Freund der Familie. Er übernachtet gar in ihrer Villa, im Gästezimmer. Von dort kann er auf sein nunmehr verwaistes »Asyl« blicken und in den Park hinein, in die Alleen und Nebenwege, wo Mathilde und er sich einander einst abpassten und Blicke und mehr tauschten. Kein Treibhaus mehr. Nur die Erinnerung an ein Treibhaus der leidenschaftlichen Gefühle. Gegen Abend setzt er sich an den Flügel. Spielt vor aus »Tristan und Isolde«, der Oper über ein Dreieck der Gefühle, Marke, Isolde, Tristan. Otto, Mathilde lauschen dem, was Richard vorspielt, singend deklamiert. »Wüsste Herr W. nur einen Teil von dem, was ich weiß, ich bin überzeugt, es würden ihm die Schuppen von den Augen fallen und seine naive Harmlosigkeit, einen solchen gefährlichen Gast in seinem Haus aufzunehmen, gewiss vergehen.« So kommentiert die immer noch gekränkte Minna Wagner den Besuch ihres Ehemanns bei der verhassten Nebenbuhlerin. Der aber ist enttäuscht. »So – sahen wir uns wieder. War es nicht wirklich nur ein Traum? ... Es ist mir, als ob ich Dich eigentlich gar nicht deutlich gesehen hätte; dichte Nebel lagen zwischen uns, durch die kaum der Klang der Stimmen drang. Auch ist mir, als ob Du eigentlich mich nicht mehr gesehen hättest; als ob statt meiner ein Gespenst in Dein Haus kam. Hast Du mich erkannt?« Die Lust des Auges im Augenblick ist verloren gegangen. Hat sie endgültig entsagt? Hat er entsagen können? Oder nur wollen? »O Himmel! Ich erkenne ihn: dies ist der Weg zur Heiligkeit!«, kehrt er die Entsagung aus dem Profanen um. »Das Leben, die Wirklichkeit immer traumartiger: die Sinne erstumpft; das Auge – weit geöffnet – sieht nicht mehr – das willige Ohr versäumt den Schall der Gegenwart. Wo wir sind, sehen wir uns nicht; nur, wo wir nicht sind, da weilt unser Blick auf uns«, notiert Wagner für sich ernüchtert: »Und jede Zukunft nichtig.« Die Liebe ist erkaltet, und mit ihr auch die Liebe zu »Tristan und Isolde«? Wagner zweifelt. »Ist mein Werk wirklich wert, dass ich mich ihm erhalte?« Doch der Dritte Akt muss vollendet werden. Oder nicht mehr? Die Komposition stockt wochenlang. An Liszt schreibt er, er schleppe sich durch »Nebel und Gedanken«, denke daran, die Oper unvollendet zu lassen. Warum soll er sie noch beenden, wo doch die Liebe, die sie geboren hat, ein Ende genommen hat? Das Element, in dem er einzig nur leben soll und könne, nämlich die Kunst, fehle ihm nun ganz, einzig »das Grausen vor einem leer gelassenen Tag« treibe ihn noch zur Musik an, gesteht er seiner einstigen Muse, die nicht mehr seine Muse ist. Doch was tun, wenn er sich nicht seinem Werk mehr widmen kann? Im Leben spiele er doch nur eine traurige Rolle, klagt er ihr, das klinge alles kläglich, räumt er ein und gesteht ihr gar, »dass ich gegen Sie noch aufrichtiger bin als gegen mich selbst.« Dem Schluss des Briefes fügt er einige Takte der Oper an, da Tristan gegenüber Kurwenal singt, Melot, den Ritter am Hofe Markes, den Verderber der Liebe meinend: »Wen ich gehasst, den hasstest Du.«

Wetterfühlig wie er ist, gibt Wagner auch dem dauerhaften Nebel und Regen Schuld, dass er nicht mehr komponieren könne. Die Schweiz sei nun einmal ein »Wolkenfänger«, meldet er seiner Frau nach Dresden und sehnt sich schon woanders hin, zumal er wegen des schlechten Wetters nicht den Rigi besteigen kann. Erst wenn ein Sonnenstrahl die Wolken durchbricht, kann er sich ans Klavier setzen, um zu komponieren, oder wenn seine Nicht-mehr-Muse ihm Zwieback in sein Luzerner Asyl schickt, wozu er teils ironisch teils gerührt bemerkt: »Der Zwieback hat mir geholfen; er hat mich in einem Ruck über eine böse Stelle hinweggebracht, über der ich seit acht Tagen stockte … Jetzt bin ich ganz glücklich … Gott, was der richtige Zwieback nicht alles kann! Zwieback! Zwieback! Du bist die richtige Arznei für verstockte Komponisten – aber der rechte muss es sein!« Der von Mathilde, der auch Erinnerung an die Nachmittage in der Villa hervorruft, als sie ihn gemeinsam während ihrer Liebesstunden in Tee und Milch tauchten, und sie dabei, wie viel später ein ihnen nachgeborener Dichter, der verrinnenden Zeit zuschauen konnten. Also schickt sie ihm, da sie selbst ja nicht mehr Muse sein kann und will, Zwieback und zwar soviel, dass Wagner bald nicht mehr weiß, wohin mit dem vielen Zwieback. Und sobald er in solchen raren Stunden, ob mit oder ohne Zwieback, Szenen der Oper komponiert hat, gerät er in Euphorie, verrät sie ihr: »Kind! … Ich war eben im vollsten Zuge! … Dieser Tristan wird was Furchtbares! Dieser letzte Akt!!! – Ich fürchte, die Oper wird verboten«, weiß er doch um die sinnlich ekstatische, höchst erotische Leidenschaft, die sich in ihr in Wort und Musik austobt.

> O diese Sonne!
> Ha, dieser Tag!
> Ha dieser Wonne
> Sonnigster Tag!
> Jagendes Blut
> Jauchzender Mut!
> Lust ohne Maßen,
> freudiges Rasen!

Tristan, von Morold tödlich getroffen, rafft sich auf, um noch ein letztes Mal von der nahenden Isolde in den Arm genommen zu werden, in denen er dann einen Liebestod sterben kann. »Dieser letzte Akt ist ein wahres Wechselfieber – tiefstes unerhörtes Leiden und Schmachten, und dann unmittelbar unerhörtester Jubel und Jauchzen«, erklärt er Mathilde, der ihr so oft von dieser auch seiner Todesvision gesprochen hat. »Es ist eine ungeheure Tragik«, und meint damit nicht nur die seiner Oper.

Doch Wagner hat gelernt, vernünftig zu sein, die Entsagung auch zu leben, das Nichtentsagen findet nur noch in Dichtung und Musik statt. Man verkehrt nun in bisweilen gespielter Ruhe miteinander. Wesendonck besucht Wagner, söhnt sich mit ihm aus, Wagner besucht die Wesendoncks, die Wesendoncks besuchen Wagner in diesen Monaten. »Der Mann ist mir sehr ergeben und im wahrsten Sinne zu bewundern. Es hat sich da ein gewiss seltenes Verhältnis angesponnen«, meldet er seiner Frau. »So steht der Mann zwischen mir und seiner Frau, der er vollkommen zu entsagen hatte«, beschreibt er das Dreieckverhältnis, worüber Minna nur spotten kann. Täuscht er sich da nicht vielleicht?

Die Briefe, die von nun an zwischen Mathilde und Richard hin- und hergehen, meiden jegliche Liebeserklärung, ergehen sich in Sachlichkeit. Vor allem Lektüreerlebnisse tauschen sie aus, über Goethes »Tasso«, den »Egmont«, über Mathildes eigene Gedichte, dann zu Schillers Briefwechsel mit seiner Frau Charlotte. Wagners Briefwechsel mit seiner Frau ist in diesen Monaten, wo er die Wesendonck mehrfach wieder sieht, von gegenseitigen heftigen Vorwürfen geprägt. Um nicht immer auf sie zu zielen, hält Minna ihrem Ehemann die Bordeaux-Affäre mit Jessie Laussot, der Frau eines Weinhändlers, vor neun Jahren vor, als er sie verlassen habe, um mit der Französin nach Kleinasien zu fliehen, was dann aber nicht Wirklichkeit wurde. Er erinnert sie daran, dass sie, bevor sie ihn kannte, auch schon mal eine Ehe gebrochen habe. Sie wiederum wirft ihm vor, er habe sie nie geliebt und öffentlich verraten, wirft ihm zudem vor, er habe sie nur in »heftigem Eigensinne« geheiratet, was ja ein jeder in seiner Schrift »Mitteilung an meine Freunde« nachlesen könne. Unverschämte Lügen und Verleumdungen nennt er ihre Vorwürfe. Dauerkränkungen per Post gehen zwischen Dresden und Luzern hin und her. Nie habe er, wenn auch töricht und irrig, schlecht gehandelt, bekennt aber in versucht scherzhafter Weise: »Lass Dir über meine Sünden keine grauen Haare wachsen; das besorge ich bereits, ich armer Grauschimmel!«

Anfang Juli blitzt Erinnerung an den Sommer vor einem Jahr in Wagner auf, an den »Asyl«-Garten, an den Duft der Rosen. »Ich brach mir jeden Morgen eine und stellte sie im Glas zu meiner Arbeit.« Erinnerung an das Treibhaus der Leidenschaft. »Schwüle, Sommersonne, Rosenduft und – Abschied. So entwarf ich damals die Musik zum zweiten Akte.« Der Sehnsuchtsakkord ward geboren und dazu der Rausch der Liebe in Musik: »O sink hernieder, Nacht der Liebe.« Doch nun sei alles verklärt, beeilt er sich zu sagen, um sich zu beruhigen, um Mathilde zu beruhigen? »Das ist die Stimmung, in der ich jetzt meinen dritten Akt zu Ende bringen will.« Eine Woche später ist er bei ihr auf dem Hügel über dem See, erzählt ihr und ihrem Mann Geschichten aus seiner Jugend, setzt sich an den Flügel und spielt, nein nicht den »Tristan« vor, sondern Klaviermusik von Johann Sebastian Bach, dessen kompositorische Strenge ihm gefällt wie nie zuvor.

Zurück in Luzern legt er die rote Mappe schon mal bereit, um die vollendete Komposition seiner Oper hineinzustecken und sie ihr widmend bringen zu können. Genau einen Monat braucht er noch, um auch Isoldes Liebestod in Musik zu setzen, in eine nie zuvor gehörte Musik. Am 4. August meldet er ihr in sachlichstem Ton, noch drei Tage dann sei »Tristan und Isolde« fertig. »Was will man mehr?«

> Soll ich atmen,
> soll ich lauschen?
> soll ich schlürfen,
> untertauchen?
> süß in Düften
> mich verhauchen?
> In dem wogenden Schwall,
> in dem tönenden Schall,
> in dem Welt-Atems
> wehendem All –
> ertrinken,
> versinken –
> unbewusst –
> höchste Lust!

[handschriftliche Notizen am Rand: 1). Ersterbend, abnehmend   2). allmählich langsamer werd...]

Mäßig bewegt, in einem ¹⁾ Morendo, übergehend in ein ²⁾ Rallentissimo und ein Pianissimo verhallen die letzten Töne des Sehnsuchtsmotivs, in einer Musik ohne Ende, in eine Fermate von Ewigkeit. *Pause*

Doch nicht allein Mathilde erhält sofort Nachricht, sondern auch Minna in Dresden. »Soeben – ½ 5 Uhr – liebste Minna, habe ich die letzte Note am Tristan geschrieben.« Die Wesendoncks reisen sofort nach Luzern an, um mit Wagner das Ereignis zu feiern, sodass er ihr die rote Mappe mit der vollendeten Oper überreichen kann. Otto Wesendonck begleicht die Rechung im »Schweizerhof«.

NOCH HELLE TAGE

Nun hat Wagner es eilig. Er packt die Koffer. Will nach Paris. Doch das Visum lässt auf sich warten. Also muss er auch darauf warten, endlich Paris erobern zu können. »Jetzt will ich ein paar Tage faulenzen«, hat er am Tag der Vollendung des »Tristan« an Minna geschrieben, doch das fällt ihm schwer. Zudem muss er länger als vorgesehen in Luzern bleiben, sitzt so missgelaunt auf gepackten Koffern, während der Flügel in einem Schuppen des Hotels gelagert ist, sodass er nicht einmal mehr Bach oder Wagner spielen kann. Schon am 13. August will er bei den Wesendoncks den Abschiedsbesuch machen, muss ihn verschieben, befasst sich des Abends mit einem Buch über Schillers Leben und Wirken, das ihm die Wesendonck geschickt hat, und besteigt am Tag die umliegenden Berge, so den westlich der Stadt liegenden 2119 Meter hohen Pilatus, schreibt aber auch mehrfach Eduard Devrient, erinnert ihn daran, dass sein »Tristan« dort im Winter zur Aufführung gelangen soll, ja muss, will ihn auf dem Weg nach Paris aufsuchen, doch der Intendant des Badischen Hoftheaters fühlt sich von Wagner gedrängt, notiert in sein Tagebuch »dessen impertinente Zumutungen« und will auf der Hut sein vor »so einem Egoisten.«

Diesem kommt allmählich der Mut, nach Paris zu gehen, abhanden, weil er von dort keine Antwort auf seine Vorschläge, am »Théâtre Lyrique« den »Tannhäuser« zu geben, erhält, will es schon aufgeben, dorthin zu ziehen, setzt nun ganz auf den jungen Großherzog Friedrich I. von Baden, der ihn vielleicht aufnehmen würde, wenn der »Tristan« in Karlsruhe gespielt worden sein wird. »So warte ich denn hier in einem kleinen Zimmer, weder nach Paris mich sehnend, noch sonst von einem mir offenen Orte angezogen«, muss er Liszt berichten und Minna, er gähne vor Langeweile so, dass man es durch alle Zimmer hindurch höre.

Er solle sich in Geduld üben und sich in seinen Auslassungen mäßigen, hat ihn Mathilde Wesendonck in seiner Lage aufgefordert, schließlich sei er ein weiser Mann, woraufhin er gespielt entrüstet entgegnet, er sei doch das tollste Subjekt, das man sich vorstellen kann, sei ja Dichter und, was noch schlimmer, Musiker, woraufhin er ihr, dem nicht mehr ganz weißen Blatt, eine luzide Analyse seiner Musik und ihrer Wirkung gibt: »Nun denken Sie meine Musik, die mit ihren feinen, geheimnisvoll-flüssigen Säften durch die subtilsten Poren der Empfindung bis auf das Mark des Lebens eindringt, um dort alles zu überwältigen, was irgendwie Klugheit und selbstbesorgte Erhaltungskraft sich ausnimmt, alles hinwegschwemmt, was zum Wahn der Persönlichkeit gehört und nur den wunderbar erhabenen Seufzer des Ohnmachtsbekenntnisses übrig lässt«, »Tristan und Isolde« nämlich. »Wie soll ich ein weiser Mann sein, wenn ich nur in solch rasendem Wahnsinn ganz zu Hause bin?«

Dennoch will er sich abseits vom Wahnsinn wieder ein weltliches, ein bürgerliches Zuhause schaffen, in Paris, und mit seiner Frau, die nachkommen soll, sobald er sich dort niedergelassen hat. Von ihr ist er nun ein ganzes Jahr über getrennt, und er will es noch mal versuchen, mangels eines anderen Menschen, mit ihr zu leben. Nach den »harten Belehrungen«, die er ihr brieflich hat zukommen lassen, dürfe er wohl annehmen, ein erträgliches Zusammenleben in einer großen Stadt wie Paris würde möglich sein, wird er rückblickend schreiben. Am 23. August erhält er endlich das Visum für Frankreich, fixiert den Abschiedsbesuch bei den Wesendoncks für Anfang September, zögert ihn aber noch weiter hinaus, so als ob er Angst hätte, dort seiner immer noch, wenn auch versagten Geliebten Adieu zu sagen. Zudem stellt er plötzlich fest, es fehle ihm das nötige Geld, um in Paris zu leben, verhandelt nun noch um die Eigentumsrechte seiner Partituren, unterrichtet darüber ausführlich Otto Wesendonck, der ihm einen Vorschlag macht, woraufhin Wagner einen Vertragsentwurf vorbereitet.

Am 7. September bricht er nach Zürich auf und ist drei Tage lang Gast im Haus der Wesendoncks. Wieder weht die Musik des »Tristan« durch das Haus, wenn er sich wie vor mehr als einem Jahr an den Flügel setzt, und immer wieder erklingen das Sehnsuchts- und das Treibhausmotiv, die in der Villa und dem nahen »Asyl« in Musik gefunden haben. Doch alle haben gelernt, sich auch bei dieser zu beherrschen, ihre Gefühle, die der Töne Rausch hervorlockt, zu verbergen. Sie gelten nun nur noch der Musik selbst. Drei »helle Tage«, verbringt Wagner hier, so wird er aus Paris in einem Brief an den Hausherrn diese Abschiedsstunden in der Villa nennen. Und Wagner ist von Wesendonck belohnt worden, hat der doch die Eigentumsrechte am »Ring des Nibelungen« erworben und dem Komponisten dafür achtzehntausend Franken in Raten versprochen. »Ich habe ein gutes Geschäft abgeschlossen«, meldet Wagner seiner Frau, sagt aber nicht welches und mit wem, wie er auch den Besuch verschweigt. Nun fällt ihm der Abschied weniger schwer. Am 9. September sagt er Mathilde Adieu und drückt Otto Wesendonck die Hand.

WIEDER PARIS

»Ich bin – was ich sein kann!«, schreibt er seiner Geliebten nach zehn Tagen Paris. »Dank Ihnen, Freundin!« Mit diesem Geschenk begibt er sich nun daran, die Hauptstadt der Welt zu erobern. »Ich fühle mich in voller Harmonie mit mir«, fügt er ihr hinzu, weiß er doch, was er, was sein Genie, gerade mit »Tristan und Isolde«, Außerordentliches, nie Dagewesenes geschaffen hat, und transzendiert das über sich hinaus. »Mit mir wird etwas gewollt, was höher ist als meine Persönlichkeit ... Da sorgt der wunderliche Genius, dem ich für diesen Lebensrest diene, und der will, dass ich vollende, was nur ich vollenden kann.«

Mit diesem Sendungsbewusstsein war er über Straßburg in die Seinestadt geeilt, hatte indes nicht wie erhofft, Eduard Devrient getroffen, um mit ihm die Uraufführung des »Tristan« fest zu vereinbaren. Noch im Oktober des Jahres wird er Devrients Absage erhalten, da die Sänger sich außer Stande sähen, ihre Partien zu singen, während der Hofkapellmeister Josef Strauß die Oper für Wahnsinn und für unaufführbar hielt. »Leicht ist die Frucht des Tristan nicht zu pflücken«, gab er eine erste Enttäuschung Mathilde Wesendonck preis und wird noch fast sechs Jahre zu warten haben, bis Tristan und Isolde das Licht der Bühne erblicken werden.

Doch schon kurz nach seiner Ankunft in Paris hat er in Gesprächen mit dem Direktor des »Théâtre Lyrique de Paris«, Léon Carvalho, die Zuversicht gewonnen, dort den »Tannhäuser« geben zu können. Aber die Dichtung der Oper wäre noch zu übersetzen, da es in Paris unmöglich ist, sein Musikdrama in deutscher Sprache aufzuführen. So sitzt er in seiner Wohnung tagtäglich mit einem jungen Dichter zusammen, um das schier Unmögliche, seine Dichtung ins Französische zu übertragen, doch möglich zu machen. In den ersten Oktobertagen kommt es dann zu einer Audition des »Tannhäuser«

Richard Wagner. Photographie, Paris 1860

vor Carvalho, einigen Mitgliedern des Opernensembles und neugierigen Parisern. »Der Eindruck schien außerordentlich zu sein«, berichtet er Mathilde, die nun wöchentlich Nachricht über sein Pariser Abenteuer erhält. »Wagner, er sang, er schrie, er tobte herum, er spielte mit den Händen, den Handgelenken, den Ellenbogen, er zertrat die Pedale, er zerschmetterte die Tasten«, berichtet hingegen ein Augen- und Ohrenzeuge. So etwas haben die Pariser noch nicht erlebt, eine Urgewalt in Musik in der gepflegten Kunstwelt der Stadt. Man ist ratlos. Man verschiebt die Aufführung. Das Abenteuer

Paris hat für Wagner nicht gut begonnen. Und wie wird es diesmal enden?

»Um einmal wieder zu wohnen, ging ich eigentlich nach Paris«, gibt er Wesendonck vor. Also nicht um die Stadt für sich und seine Musik zu erobern? Er hat eine elegante Wohnung nahe den Champs Élysées bezogen. Die Avenue war in beiden letzten Jahrzehnten mit modernen, hochgewachsenen Wohnhäusern bebaut worden und hatte den Großen Boulevards von Paris den gesellschaftlichen Rang abgelaufen. 4, Avenue de Matignon, ist Wagners Adresse. In unmittelbarer Nachbarschaft war drei Jahre zuvor ein deutscher Dichter gestorben, neben Goethe Mathilde Wesendoncks Lieblingsdichter, Heinrich Heine. Wusste Wagner davon? Durch seinen Malerfreund Kietz, der den gelähmten Heine doch in seiner »Matratzengruft« zusammen mit seiner Mathilde portraitiert hatte?

Luxuriös hat Wagner sich erneut eingerichtet, will vier Jahre bleiben, wenn nicht für immer, ruft nach einem Diener, nach einer Köchin, nach Personal, einer Gesellschafterin für seine Frau Minna, die bald eintreffen soll. Er will ihr und sich ein Nest bauen. Er hat ja viel Geld, durch Wesendonck. In Paris könne man so unglaublich ungeniert leben, sagt er sich und anderen. Und lebt ungeniert, doch wie wird es ausgehen? Er wolle es auf seine alten Tage recht gut haben, sagt er auch.

Drei Katastrophen werden indes sein Pariser Leben in den kommenden anderthalb Jahren bestimmen. Mathilde ist mit ihrem Mann und den Kindern nach Italien aufgebrochen, um unter der milden südlichen Luft ihre fragile körperliche und seelische Verfassung aufzurichten. Auch will sie dort den Schmerz um einen Verlust betäuben. Über Genf und Lyon gelangt die Familie nach Marseille. Man will den Seeweg nehmen, um die Lombardei zu umgehen, wo die französisch-österreichischen Spannungen nicht enden wollen, ein Krieg droht. In Livorno erhält man im spanischen Konsulat Papiere für den Vatikan, unter dessen Kontrolle Rom nach wie vor steht. In Civitavecchia verlässt man das Schiff, fährt mit dem Zug nahe der Piazza del Popolo in Rom ein, wo einst auch Goethe eingetroffen war. Schließlich lässt sich Mathilde mit der Familie für Monate in der Città Eterna nieder, wo sie sich in Entsagung und Vergessen einüben will, aber dennoch lange Briefe nach Paris schreiben wird, aber auch Briefe ins nahe Neapel schickt, wohin de Sanctis zurückgekehrt ist. Ihren Kindern bringt sie die italienische Sprache nahe, die sie bei ihm, den Wagner so eifersüchtig beäugt hatte, gelernt hat, während sie des Tags die Kirchen und Paläste Roms besichtigt, in die unvergleichliche Atmosphäre und Pracht der Stadt zwischen Antike, Barock und Gegenwart eintauchen will.

Bleiben Sie in Rom, schreibt Wagner ihr aus Paris, er sei glücklich, sie außer der Welt zu wissen. »Sehen Sie für mich mit!« trägt er ihr auf, denn wenn sie für seine Augen Rom anschaue, besitze er intime Bilder der Stadt. Er fügt noch an, nachdem er sich über Goethes Grille der Augenlust ausgelassen hat: »Wäre ich Goethe, so käme ich heute zu Euch nach Rom!«

Aber er ist Wagner. Schon im Oktober hatte er ihr nach langer Selbstbeherrschung doch wieder eine versteckte Liebeserklärung gemacht, die er ihr nicht schreiben könne, da die Worte an sie immer in seinem Kopf stecken blieben, doch sie wisse schon, es sei immer nur das alte Lied, das sie schon oft gehört hätte, und in dem sich gar nichts ändern wollte, beschloss er die Worte der Liebe, ohne sie zu sagen, Worte, für die Mathilde trotz aller versuchter Entsagung weiterhin empfänglich ist. Ungeachtet der großen Entfernung zwischen Zürich und Paris und dann zwischen Rom und Paris gehen Briefe zwischen den beiden verschwiegen Liebenden unablässig hin und her, in denen sie einander ihr alltägliches Leben berichten, Lektüreerlebnisse austauschen, die in diesem Herbst 1859 und dem folgenden Winter hauptsächlich in Dramen und Gedichten von Schiller bestehen. »Sie lehren mich immer neue Schönheiten sehen«, dankt er ihr, war es doch zumeist sie, die die Lektüre anregte, und eben auch die Schillers.

Wagners Bücherschrank füllt sich so immer mehr, den er im November in eine neue, noch luxuriösere Wohnung hat bringen lassen, die sich in einer Seitenstraße der Champs Élysées befindet. In der Rue Newton hat er eine Villa gemietet, deren Etagen von Minna und ihm getrennt bewohnt werden, sodass sie einander aus dem Weg gehen können. »Sie würden, träten Sie da ein, fast glauben, Sie träfen mich noch im Asyl«, heizt er gegenüber Mathilde die Erinnerung an. Er hat nämlich neben dem Érard-Flügel dieselben Möbel, dieselben grünen Tapeten, Gemälde und Stiche wie in Zürich in die nur kleineren Zimmer verteilt. »Das wäre denn nun zum letzten Mal häuslich Fuß gefasst«, schwört er Mathilde, »nie, nie wieder ›richte‹ ich mich ein!« Endlich Ruhe will er, ist es leid, ein Wanderleben zu führen, wird es aber bis zu seinem Lebensende nie aufgeben können, was er vielleicht ahnt, so beschwörend ist sein Diktum.

Sechs Tage später trifft Wagners Frau Minna ein, mit Fips und Jacquot, der auch in des Meisters Abwesenheit nicht verlernt hat, zu rufen: »Richard Wagner ist ein böser Mann.« Der hat seinen Freund und Minnas Dresdener Arzt Anton Pusinelli in einer Angelegenheit »delicater Art« zuvor gebeten, ihr einzureden, jeglicher »geschlechtlicher Umgang« würde ihrem kranken Herzen schaden und ihr Leben in Gefahr bringen. Nie wieder, selbst in Paris nicht, will er mit Minna das Bett teilen, und so führt das Ehepaar auch in der Hauptstadt der Liebe getrennte Schlafzimmer. Man arrangiert sich miteinander, so gut es geht. Recht erträglich gehe es, schreibt Wagner nach einem Monat an Pusinelli. Doch nicht lange. Die befürchteten Folgen seien nicht ausgeblieben, muss er dem Freund und Arzt bald mitteilen.

Minna Wagner war in Dresden voller Vorbehalte und Ängste, was das neue Zusammenleben mit ihrem Ehemann betraf, aufgebrochen. Als sie das Pariser Domizil betrat, erschrak sie. Wagner hatte ihr versprochen, er würde auf kostspieligen Luxus künftig verzichten, doch nun war es wie eh und je. Er spielte den Großbürger. Dabei war das Geld, das er von Wesendonck für die Partituren erhalten hatte, schon unter seinen Händen zerflossen. Erneut musste er auf Betteltour gehen, eine neue »Finanzoperation« sei nötig, gestand er Hans von Bülow, der ihm jedoch nicht helfen konnte. Er machte sich auf die Suche nach einem »Kunstbankier«, fragte wieder vorsichtig bei Wesendonck an, der stellte sich diesmal eher taub, und so bat er schon Ende Oktober gar Emilie Ritter, die fünfundzwanzigjährige Tochter seiner ehemaligen Gönnerin Julie Ritter, um 5000 Franken, doch auch sie weigerte sich. Mit seinen oft in unverblümtem Ton vorgetragenen Forderungen nach Geld hat Wagner die wenigen Freunde, die er besaß, verprellt, vor allem Liszt, der sich von ihm abgewendet hat, den er zurückgewinnen will, doch vergeblich. Daher besitzt er auch keinen Vertrauten mehr, dem er sich erklären kann.

Eine Pariser Aufführung des »Tannhäuser« ist nach der Audition vor einigen Wochen, die alle ratlos gelassen hat, in weite Ferne gerückt. So plant Wagner erst einmal eine Reihe von Konzerten mit seinen Werken, um so zum einen Verständnis für seine Musik zu wecken, zum anderen um Geldgeber für eine »Tannhäuser«-Aufführung zu gewinnen. Ein großes Problem besteht darin, einen geeigneten Saal für die Konzerte zu finden, und so schreibt er gar an Kaiser Napoleon III., bittet ihn um Hilfe. Auch das Vorspiel zu »Tristan und Isolde« soll dann endlich erklingen. Nur ein Schluss fehlt noch. Nichts fällt ihm ein, seitdem er in Paris ist, er komponiert nicht mehr. Doch plötzlich im Dezember: »Den Schluss als dämmernde Ahnung der Erlösung im Voraus zu zeigen, fiel mir nun ein«, berichtet er, von sich begeistert, Mathilde nach Rom, schreibt ihn noch einmal ab und: »Diesen geheimnisvoll beruhigenden Schluss schicke ich Ihnen heute zum Geburtstag als Bestes, was ich geben kann.« Der Mitwisserin seiner Oper, und sie ist ja noch mehr, hat er es so notiert, wie er das Vorspiel selbst auf dem Klavier ausführe, auf dass sie es trotz einiger »böser Griffe« auch spielen könne, in Rom. Der Termin für das Konzert, in dem es erstmals mit vollem Orchester erklingen soll, ist vage fixiert: »Mitte Januar höre ich's: dann will ich's für Sie mithören.«

Erst Ende des Monats und Anfang Februar kommt es zu drei Konzerten, für die Wagner, um zu reüssieren, die »Salle Ventadour«, die Spielstätte der Italienischen Oper, auf eigene Kosten und eigenes Risiko, wenn auch mit finanzieller Unterstützung einiger Pariser Freunde, gemietet hat. Das Programm ähnelt dem der Zürcher Maikonzerte von 1853. Zu Beginn wird unter Leitung des Komponisten die Ouvertüre zu »Der Fliegende Holländer« gegeben, der Auszüge aus »Tannhäuser« und »Lohengrin« folgen. Neu hinzugekommen ist das Vorspiel von «Tristan und Isolde«, zu dem Wagner im Programmzettel eine Erklärung verfasst hat. Liebesdrama nennt er da sein

Werk, das nach der »Liebeswonne« in einem »Umsonst« ende. »Ohnmächtig sinkt das Herz zurück, um in Sehnsucht zu verschmachten.« Eine andere Wonne löse diese Sehnsucht ab: »Es ist die Wonne des Sterbens, des Nicht-mehr-Seins, der letzten Erlösung.«

Doch alle Worte der Erklärung nützen kaum, als die Musik erklingt. Dem »Tannhäuser« und dem »Lohengrin« kann das Publikum noch folgen, doch als das Vorspiel zum »Tristan« ertönt, stellt sich Ratlosigkeit ein, die Zuhörer sind überfordert, die Presse wird diese Musik der Zukunft, wie Wagner sie mehrfach propagiert hat, als eine rein theoretische Aussage werten. Warum soll man Musik der Zukunft hören, wenn man in der Gegenwart lebt? Selbst Wagners Freund Hector Berlioz attestiert dem Vorspiel neben einem chromatischen Stöhnen vor allem Grausamkeit. Eine Minderheit des Publikums jedoch ist begeistert, bricht in heftigen Beifall aus. Vor allem einer wird von nun an ein begeisterter Wagner-Anhänger sein, Charles Baudelaire. Ihm ist sowohl durch Wagners schriftliche Erklärung als auch durch die Musik ein Licht aufgegangen, denn hier gibt es einen Künstler, der völlig unabhängig von ihm, das was auch er empfindet und dichtet, in Töne gesetzt hat.

»Der Abend war nun wohl ein Fest«, berichtet der Tonsetzer selbst nach Rom an Mathilde, indes mit einem skeptischen »wohl.« Das Aufsehen sei ganz ungeheuer, und man sei zu ihm gestürzt, um ihm die Hand zu küssen. »Ich muss, muss vorwärts«, schreibt er ihr beschwörend. »Die Blume soll sich der Welt erschließen und vergehen: bewahren Sie die keusche Knospe!« Und nach einem Gedankenstrich: »Viel innige Grüße an Otto! Sagen Sie ihm, dass ich ihn liebe!« Doch ein Gedanke verbirgt sich hinter dieser plötzlichen Liebeserklärung an den Mann seiner Geliebten. Im ersten Teil des Briefes hat er unter dem Eindruck des selbstorganisierten Konzerts gemeint, die Erfahrung, dass nur er und kein anderer seine Musik zum Klingen bringen könne, habe ihm gezeigt: »Ich muss reich sein. Ich muss rücksichtslos Tausende und Tausende opfern können, um mir Raum, Zeit und Bereitwilligkeit zu erkaufen. Da ich nicht reich, nun, so muss ich mich reich zu machen suchen.« Also: entweder ein Mäzen macht ihn reich, oder er muss selbst dafür sorgen durch erfolgreiche Wagnerfestspiele.

Finanziell jedoch sind die Wagnerkonzerte ein Misserfolg gewesen, die erste, wenn auch kleinere Katastrophe von Paris. Schon für das zweite Konzert wurden Freikarten vergeben, damit der Saal sich einigermaßen füllt. Also wiederholt Wagner die Konzerte Ende März in Brüssel, im »Théâtre de la Monnaie«. »In größter Zerschlagenheit und Ermüdung nur noch 2 Worte: Keine Konzerte mehr!« So der Bericht nach Paris an den »liebsten Mutz«, das ist seine Frau. Er hat das Vorspiel zu »Tristan und Isolde« für Brüssel aus dem Programm gestrichen, um das Publikum nicht zu überfordern. Das ist zwar begeistert, aber der erhoffte finanzielle Gewinn stellt sich wieder nicht ein.

»Ich nehme meine Zuflucht zu den Frauen«, schreibt er an Blandine Ollivier, die fünfundzwanzigjährige Tochter von Marie d'Agoult und Franz Liszt, die mit dem ihm befreundeten Rechtsanwalt und Politiker Émile Ollivier verheiratet ist, der ihm schon manche Dienste in Paris erwiesen hat. Seit kurzem geht sie in Wagners Haus ein und aus, auch wenn Minna zugegen ist, und er in ihrem, vor allem wenn er nicht zugegen ist. Seiner Frau sei Blandine grundverdächtig, schreibt er an Liszt, der ja Blandines Vater ist. Und Minna berichtet ihrer Freundin Emma Herwegh: »Blandine ist eine ganz gewöhnliche, ich will nicht sagen gemeine Person, die ... in keinem guten Ruf steht, was zwar in Paris nicht viel sagen will ... Frau Ollivier besucht meinen Mann öfter, ohne anständigerweise nach meiner Wenigkeit zu fragen.« Dieser neuen Nebenbuhlerin Minnas schreibt er nun, ob sie nicht eine reiche Freundin habe, die ihm tausend Francs leihen könne, da die Konzerte ihn in finanzielle Bedrängnis gebracht hätten. Einige hundert Francs würden ihm im Moment auch helfen, erhofft sie gar von seiner Geliebten, die nun Blandine heißt, obwohl er die ferne Mathilde nicht vergessen hat. Liebt er die Tochter Liszts, weil er durch sie seinen Freund wieder lieben kann, der sich ihm entzogen hat? Wie später noch einmal mit seiner anderen Tochter? Oder ist es eher ein Akt der Rache an ihm? Liebe zu Blandine ist es jedenfalls nicht. Nur eine kleine, harmlose Liaison?

Briefe an Mathilde Wesendonck gehen indes spärlicher ab in diesen Wochen und Monaten, da er Zuflucht bei den Frauen sucht. Sie enthalten auch keine versteckten Liebesbeteuerungen mehr, vielmehr Berichte über sein Wohl- oder besser gesagt Schlechtergehen. Und ein Photo von sich hat Wagner beigelegt, nachdem ihm Mathilde vor einiger Zeit eines, nicht von sich, denn das wäre fast schamlos, sondern von ihrem zeitweise gemeinsamen Domizil, dem Grünen Hügel von Zürich, geschickt hat. Das neue Medium der Photographie erlaubt es, sich nun in der Ferne ein Bild von dem anderen zu machen, nicht nur eins der Phantasie, die allein aus der Erinnerung schöpfen muss. Ein in Paris von ihm angefertigtes Photo, das mehrere illustrierte Blätter abgedruckt haben, sei ihm ganz zuwider, erklärt er Mathilde, denn darauf sehe er in einer affektierten Stellung aus wie ein sentimentaler Marat. Das Photo jedoch, das er ihr nun schickt, portraitiere ihn recht unaffektiert und vernünftig. Zudem legt er ihr seine Opernpläne dar, die hochtrabend sind, will er nämlich nicht nur den »Tannhäuser« bald in Paris aufgeführt sehen, sondern auch den »Lohengrin« und gar den »Tristan«, den er schon für den kommenden Juni ankündigt. Die Aufführung des »Tannhäuser«, der noch nicht die Musik der Zukunft darstelle, sei, so bekennt er Mathilde, allein eine Frage der Macht, die er über die Pariser Opernwelt gewinnen will, die des »Tristan« hingegen eine Herzensangelegenheit.

Den Zweiten Akt der Oper, die er manchmal nur »Handlung« nennt, präsentiert er Mitte Juni 1860 indes nur in einer Privataufführung im Haus der Pauline Viardot. Ermöglicht hat diese Aufführung die Gelegenheitspianistin Marie Gräfin Kalergis, die Wagner schon zuvor, als sie von seinem Konzertdefizit gehört hat, zehntausend Francs geschenkt hat. Pauline Viardot ist eine schillernde Persönlichkeit der Pariser Gesellschaft. Die Frau des ehemaligen Direktors des »Théâtre Italien« genießt sowohl als Pianistin, Komponistin und Salonnière hohes Ansehen, vor allem aber ist sie als Mezzosopranistin ein Opernstar auf den großen Bühnen Europas, wie ihre Schwester Maria Malibran. Die Viardot hat gerade in Paris, nachdem sie zuvor schon die »Sappho« von Charles Gounod kreiert hatte, Triumphe in Glucks »Orpheus« gefeiert. Nun singt die gefeierte Operndiva die Isolde, während Wagner den Tristan singt und die anderen Rollen auch noch gleich mit. Am Klavier sitzt mit Karl Klindworth Wagners junger Freund aus Londoner Zeiten. Eine Uraufführung der besonderen Art, an der neben Hector Berlioz noch weitere Stützen der Pariser Kultur teilnehmen, und nach der alle stumm und ratlos im Salon sitzen bleiben, worüber sich Klindworth fürchterlich erregt, hat er doch als einziger die Ungeheuerlichkeit der Musik wahrgenommen.

Einen Monat später kann Wagner seiner Freundin Mathilde mitteilen, dass seine Verbannung aus Deutschland aufgehoben sei, nur das Königreich Sachsen dürfe er noch immer nicht betreten. Doch auch dieser Gnadenerlass versöhnt ihn nicht mit der Welt und hebt seine Stimmung nicht, die, wie er ihr schreibt, von Bitterkeit in Verachtung umgeschlagen sei. Freude empfinde er nicht mehr und nur noch zwei Freunde habe er in der Welt, Schopenhauer und Fips, den Hund, den sie ihm geschenkt habe. Der Philosoph, den er nur durch dessen Schriften kennt, stirbt einen Monat später, Fips ein Jahr darauf auf den Straßen der Stadt. Und das war die dritte, größere, Katastrophe von Paris, der eine noch größere wenige Monate zuvor vorangegangen war.

DER EKLAT

Im Juni 1860 weist Napoleon III. die Große Oper an, den »Tannhäuser« aufzuführen. Wie aber ist es dazu gekommen? Bei einem Ball kommt der Empereur mit der Fürstin Pauline von Metternich ins Gespräch. Die junge Frau von vierundzwanzig Jahren ist eine glühende Verehrerin Wagners. Der Kaiser hat von dem deutschen Komponisten gehört, nicht aber seine Musik. Die junge Fürstin umgarnt den zweiundfünfzigjährigen Napoleon, beschwört ihn, alles zu unternehmen, damit eine Oper des Meisters endlich in Paris gegeben werde. Der sagt zu, erteilt Ordre. Nun gilt es, die Oper endgültig ins Französische zu übersetzen, wobei Wagner noch einmal die Unmöglichkeit des Unterfangens, zugleich aber die Größe seiner Verse konstatiert: »Was für ein Dichter bin ich doch«, schreit er Mathilde nach Zürich brieflich zu, »hilf Himmel, ich werde ganz anmaßend«, schickt er hinterher. »Was sagen Sie dazu?«, und legt dem Brief noch einige Verse der Venusszene im Ersten Akt hinzu, die er neu gedichtet hat. »O fändest Du die wieder, die einst dir gelacht«, liest Mathilde, was Wagner der Venus in den Mund gelegt hat. Wie an der Großen Oper üblich, verlangt man von Wagner jedoch, eine Balletteinlage einzubauen, dem kommt er auch nach, aber nicht an der richtigen Stelle im Zweiten Akt, denn erst dann betreten die großen Herren nach ihrem Souper die Oper. »Jedes Detail wird meiner Prüfung unterzogen«, meldet er Mathilde im September, als auch die musikalischen Proben zum »Tannhäuser« beginnen. Kurz zuvor hat er zum ersten Mal seit elf Jahren deutschen Boden betreten, war am Rhein, war in Baden-Baden, musste aber schnell nach Paris zurückkehren, da seine Anwesenheit bei den Proben verlangt wird. Zum anderen ist er gezwungen, seine Villa zu verlassen, da ein Teil der Straße einem Boulevard weichen muss. Er bezieht eine kleine Wohnung in der Rue d'Aumale, die, wie er Mathilde berichtet, zum Wohnen nicht tauge, nur für ein Geschäftscomptoir.

In der Villa der Rue Newton hatte er zuvor mittwochs einen Salon geführt, wie er in Paris üblich war. In ihn lud Wagner einflussreiche Personen der Haute Société und der Künstlergemeinde ein. So fanden sich dort neben den wichtigen Musikschriftstellern und einflussreichen Personen des Kunstbetriebs auch der Dichter Charles Baudelaire, die Komponisten Charles Gounod und Camille Saint-Saëns, der Maler und Zeichner Gustave Doré ein und, wie er Bülow sarkastisch meldet, viele »Frauenzimmer«, die ihm sämtlich als Komponistinnen vorgestellt worden wären. Alle wollte er für sein Vorhaben, den »Tannhäuser« aufzuführen, einspannen, sie für sich gewogen machen. Mathilde berichtete er nicht von seinem Salon, da er sich ihr gegenüber gern als einsamen Menschen, der die anderen scheue, stilisierte. Doch der Pariser Klatsch über Wagner und seine Frauen und besonders über die eine, Blandine Ollivier, war auch ihr zu Ohren gekommen, und so wird sie ihn danach fragen. »Sie frugen mich nach meinem Frauenumgang?« antwortete er, um ihre Eifersucht zu besänftigen: »Ich habe manche Bekanntschaft gemacht, bin aber mit keiner auch nur in Gewohnheit getreten«, zählte sie dann doch alle auf, um sie schließlich doch eifersüchtig zu machen, rühmte Madame Ollivier als begabt und von blendendem Naturel, nannte dann doch alle nur »kuriose Bekanntschaften ... Ach Kind, lassen wir das alles!« Man schleppe sich ja nur so durch das Leben, ganz mühsam und nur durch die Tätigkeit könne man sein Elend vergessen. Minna berichtete nach Dresden von den Mittwoch-Soireen in spöttischem Ton, fand ihren Mann lächerlich eitel, wenn er sich von den anwesenden Frauen umgarnen ließ, meinte, dass in Paris viele »alberne Menschen leben, besonders Weiber.« Zu seinem Geburtstag im Mai 1860 hatte er sich indes selbst zum Geschenk gemacht, den Salon wieder einzustellen. Er war ihm zu teuer und stahl ihm die Zeit. Zudem kamen ihm »zu viele Juden« in sein Haus, wie er Bülow schrieb.

Doch das große Ereignis, der »Tannhäuser« in Paris, verzögert sich. Die Proben strengen Wagner physisch und psychisch so an, dass er mehrere Wochen krank darnieder liegt, an typhosem Fieber leidet. Zudem kommt es seit einiger Zeit zum immer heftigeren Streit zwischen ihm und Minna, was ihn zusätzlich erschöpft hat. Er ist ihr aus dem Weg gegangen, doch nun pflegt sie ihn hingebungsvoll in den Wochen der Krankheit. Kaum ist er wieder gesund, treibt er die Proben für den »Tannhäuser« zum Extrem. 164 Proben setzt er an, was die Musiker und die Direktion des Theaters erzürnt. Zudem verlangt er immer mehr Musiker, fordert allein vierundzwanzig, die das Jagdhorn spielen. Doch Napoleon hat befohlen. Also erfüllt man, wenn auch mit Widerwillen, fast alle seine Forderungen. »Was Aufführungen meiner Werke betrifft, habe ich's in meinem Leben noch nicht zu gut gehabt. Alles was ich nur irgend verlange, geschieht. Nirgends der geringste Widerstand«, doch da täuscht Wagner sich, denn es braut sich einiges zusammen gegen ihn, was er in seinem Egoismus und Größenwahn nicht bemerkt: »Jetzt wird alles vollkommen«, teilt er Mathilde stolz mit. Er hat sich viele Feinde in Paris gemacht, die werden sich noch an ihm rächen.

Wird Mathilde, seine einstige Muse und Geliebte und jetzige Vertraute, zur Premiere des »Tannhäuser« nach Paris kommen? Er will sie unbedingt wiedersehen, und sie soll Augen- und Ohrenzeuge seines Triumphs werden. Des Erfolgs ist er sich sicher, bewertet er doch nur, was durch die Probenarbeit schon Außerordentliches entstanden ist. Und doch, er fühlt den Widerspruch, aber nur in sich: »Mit Mühe zwinge ich mich den ganzen Tag über, mich für die Sache zu interessieren: bin ich dann aber in der Probe, so nimmt das Unmittelbare der Kunst seine Gewalt über mich ein.« Hört er seine eigene Musik, so ist er in der Tat überwältigt, wobei die Sache selbst, die Aufführung, ihn, wie er ihr vorgibt, gleichgültig lasse. In diesen Momenten des Zwiespalts flüchte er zu ihr. »Ich habe einmal das Herz und die Seele gefunden, die in diesen Augenblicken mich ganz verstand, und denen ich lieb war.« Engel seiner Ruhe, Hüterin seines Lebens nennt er sie, die er einst geliebt, die ihn einst geliebt. Und noch?

»Ihr Entschluss, mein Kind, nicht zum ›Tannhäuser‹ zu kommen, hat mich sehr betrübt ... ich war traurig und schwieg«, muss er ihr Mitte Februar ausgerechnet an Mardi gras schreiben, hat er doch ihren Beistand bei der Premiere erhofft. Auch eine Liebeserklärung wird sie nicht locken können: »Alles und jedes verschwindet vor dem Gedanken, Sie endlich – auch eine Stunde – einmal wieder sehen zu können ... Und – kämen Sie dennoch, so würde ich dennoch – ich Egoist! – die Stunde selig preisen, in der ich Ihnen einmal wieder in das Auge blicken könnte!«, weiß er doch um des Augenblicks Macht der Liebe.

Mathilde kommt dennoch weder für diesen Augenblick noch für den »Tannhäuser«, sondern lässt ihren Mann allein nach Paris fahren. Aber auch er wird die Premiere in der Großen Oper, die für den 27. Februar angekündigt ist, nicht erleben, denn sie verzögert sich weiterhin, da Wagner den Dirigenten für unfähig hält, immer wieder versucht, selbst als Komponist den »Tannhäuser« zu leiten, was das Statut der Oper indes nicht erlaubt. Zwischenzeitlich will er gar die Partitur zurückziehen, setzt immer neue Proben an, in denen er wütet, gegen den Dirigenten, gegen die Musiker. Wesendonck wohnt mehreren dieser Proben bei, sitzt neben Blandine Ollivier. Er ahnt vielleicht das Unglück, das da heraufzieht. Als dann die Premiere am 13. März stattfindet, ist er schon nach Zürich zurückgereist, geflüchtet, wie Wagner meint, und kann Mathilde nicht von der Aufführung berichten, nur von den heiklen Proben. Doch was in Paris geschieht, wird ihr nicht lange verborgen bleiben, berichten doch die Journale ausführlich.

DER SKANDAL

»Der Unfall selbst hat mich im Grunde ziemlich gleichgültig gelassen. Ich hab' von dem ganzen bedenklichen Pariser Abenteuer nichts übrig als dies bittere Gefühl«, berichtet Wagner selbst drei Wochen später an seine Geliebte und meint, er habe es trotz aller Bemühungen schon vor der Premiere aufgegeben, an eine gelungene Aufführung zu glauben. »Was nun über mich erging, war eigentlich die gerechte Strafe für eine mir abermals gemachte Illusion. Die Aufführung meines Werks war mir so fremd, dass was ihr widerfuhr, mich gar nicht recht anging, und ich konnte bei dem allen wie einem Spektakel zuschauen.«

Was war aber vorgefallen an diesem 13. März 1861 in der »Grand Opéra de Paris«? Was machte die Aufführung des »Tannhäuser« zum Skandal, zum wohl größten in der gesamten Operngeschichte? Nicht die Musik, nicht die Sänger waren die Fehlbesetzung des Abends, es war das Publikum. Wagner hatte sich ein ganzes Heer von Feinden geschaffen. Sein Pariser Gönner, der Arzt und Musikschriftsteller Auguste Gasperini, machte es ihm mit der Bemerkung deutlich: Das wäre Meyerbeer nicht passiert. Ausgerechnet Meyerbeer. Der hätte immer dafür gesorgt, dass bei der Premiere im Publikum nur ihm gewogene Zuschauer gesessen hätten und zudem jeder, der ihm wichtig war, gute Plätze bekommen hätte. Doch darum hatte sich Wagner ostentativ nicht gekümmert, hatte alle Rituale der Großen Oper unterlaufen, und da kam Hochmut wahrlich vor dem Fall, denn das hatte die einflussreichen Männer der Pariser Gesellschaft mit ihren Frauen oder Mätressen an ihrer Seite erbost, die sich in der Oper vor allem angemessen amüsieren wollten, sodass es schon bald nach der Ouvertüre und der Ersten Szene zum Eklat kam, als ein Zuschauer rief, schon wieder ein Pilger, und alle brüllend zu lachen anfingen, die vornehmen Herren, nicht nur die des legendären Jockey-Clubs, die ihre silbernen Pfeifen hervorholten, pfiffen und johlten, was die Lungen hergaben, sodass der Zweite und der Dritte Akt im Lärm untergingen. Die Herren von Geld und Macht wurden um ihr Ballett zur gewohnten Stelle und Zeit gebracht, denn sie waren es gewohnt, dass es im Zweiten Akt stattfand, während Wagner es an den Anfang gesetzt hatte. So waren sie zu spät und um das Vergnügen gekommen, ihre Filles tanzen zu sehen, bevor diese nach der Aufführung in ihre Logen und Separees kamen, sich mit ihnen amüsierten, und zwar »auf die unanständigste Weise«, wie Minna einer Freundin nach Dresden von der Sittenverderbnis in Paris zu berichten wusste. Vergeblich versuchten Wagnerfreundinnen, wie Malwida von Meysenbug und Pauline von Metternich, die johlenden Herren in die Schranken zu weisen, doch das animierte sie noch mehr. Auch als der Darsteller des Tannhäuser seinen Pilgerhut vor Wut ins Parkett warf, folgte dem nur brüllendes Lachen. All das verstärkte noch die Lust am Tumult. Die Schlacht war verloren. Die zweite Aufführung des »Tannhäuser« wollte Wagner schon absagen, setzte sich aber nicht durch, zur dritten blieb er zu Hause. Beide gingen von Anfang bis zum Schluss im tosenden Lärm unter. Das Publikum machte sich ein Vergnügen daraus, zu schreien, zu pfeifen, zu lachen, zu johlen, man wollte Wagners Musik der Zukunft nicht hören, über die er referiert hatte, man wollte Gegenwart, die hatte man nun, den Eklat.

Das Ereignis von Paris war nicht die Aufführung der Wagneroper, es war der Lärm um sie. Obwohl der Musik und der Handlung kaum mehr zu folgen war, hinterließ der »Tannhäuser« auf einige wenige dennoch einen unvergesslichen Eindruck, so auf Dichter wie Charles Baudelaire, für den er eine Art Erweckungserlebnis war, und der an Wagner schrieb: »Sie haben mich zu mir selbst geführt ... Was ich als unbeschreiblich empfand war, dass es mir schien, als würde ich diese Musik kennen, und als ich darüber nachdachte, verstand ich, woher dieses Täuschung kam; es schien mir nämlich meine Musik zu sein, die ich hörte, und ich erkannte sie wieder, wie ein jeder Mensch das wiedererkennt, was er zu lieben bestimmt ist.«

Doch Wagner ist es wieder einmal misslungen, Paris zu erobern. Ein erneuter Irrtum, wie schon zuvor zweimal. Er hat es geahnt, hat es aber in seiner Halsstarrigkeit nicht wahrhaben wollen, dass er scheitern würde, geahnt, als er genau ein Jahr zuvor an Mathilde geschrieben hatte, Frankreich sei eine begabte, aber verwahrloste, Nation, in der ein auf dichterische und musikalische Konsequenz in

Form und Ausdruck gerichtetes Werk abgewiesen werden würde. Das war nun geschehen. Und nun? Was einzig an ihm nage, schreibt er Mathilde, sei, dass nach dem Misserfolg des »Tannhäuser« auch der Weg für sein »innigstes Werk«, für ihre Oper »Tristan und Isolde« in Paris versperrt sei, und er nun wieder in Deutschland versuchen müsse, ein Theater dafür zu begeistern. Und er verfällt in die Wehmut der Erinnerung: »Ach mein Kind, wohin ist das Glück der Calderón-Abende entflohen? Welcher Unstern hat mich um mein einzig würdiges Asyl gebracht? – Als ich jenes Asyl verließ«, und somit auch sie, Mathilde Wesendonck, »war mein Stern dem Untergang geweiht.« Als de Sanctis in Italien von dem Skandal hört, schreibt er genüsslich davon an seine ehemalige Italienischschülerin, doch die verteidigt den »Tannhäuser« und seinen Komponisten vehement.

In Paris wird Wagner nicht mehr bleiben können. Doch wohin nun? Immer wieder stellt sich ihm diese Frage. Doch schnell ergibt sich auch jedes Mal eine Antwort, die aber auch Schein und Trug enthält. Noch in demselben Monat April reist er nach Wien und hat ein ergreifendes Erlebnis.

ZIELLOS

Kaum in der Donaustadt angekommen, hört Richard Wagner zum erstenmal wie so lange und immer wieder heißersehnt, die Musik seines »Lohengrin«, meint, er wäre wohl bis dahin der letzte Deutsche gewesen, der sie nie zu Ohren bekommen habe. »Ach, wäret Ihr morgen da«, schreibt er Mathilde, will mit ihr zusammen das Ereignis genießen, das er sofort hat mitteilen müssen, denn vor allem sie weiß um sein Leiden. »Zwölf Jahre meines Lebens – welche Jahre! – durchlebte ich.« Da er zudem mit der Aufführung äußerst zufrieden ist, verhandelt er sofort um eine Aufführung seines »Tristan« an der Wiener Oper oder um Ausleihe der geeigneten Sänger für eine in Karlsruhe, die er trotz der Absage Devrients immer noch nicht aufgegeben hat. Von Wien aus will er auf dem Rückweg nach Paris den badischen Großherzog aufsuchen, ihn bitten, sein Hoftheater zur Annahme des »Tristan« zu drängen. Er macht eine Zwischenstation in Zürich und besucht unangemeldet die Wesendoncks, will ihnen damit und vor allem Mathilde zu seinem eigenen Geburtstag eine Überraschung bereiten.

Am frühen Morgen ist er, nur von den Dienern bemerkt, in der Villa eingetroffen, verbirgt sich in einer Ecke des Speisesaals und erwartet den, wie er schreiben wird, »gutmütigen langen Menschen, wie er schweigend zu seinem Kaffee herantrat und endlich in herzliches Erstaunen, mich hier zu finden, ausbrach«. Wenig später kommt auch Mathilde die Treppe hinunter. Ihre Augen treffen sich wieder. Nach so langer Zeit. »Der Tag verging sehr freundschaftlich«, notiert er, denn es ist vor allem Freundschaft, die zwischen ihr und ihm geblieben ist. Zum Essen werden noch Sulzer, Semper, Herwegh und Gottfried Keller herbeigerufen, und man sitzt plaudernd und schweigend zusammen wie vor Jahren, ergeht sich in Erinnerungen, denn in Zürich ist nicht viel geschehen, seitdem Wagner die Stadt verlassen hat. Doch der hat viel zu erzählen, von Paris, von dem Skandal, von Wien, von der neuen Hoffnung.

»Ein Traum war Wahrheit geworden, um wieder in traumhafte Erinnerung aufgelöst zu werden«, schreibt er aus Paris, so als ob die vierundzwanzig Stunden, die er in Wesendoncks Haus verbracht hat, eine Chimäre gewesen seien. Wagner bleibt in Paris, weiß aber nicht, warum er da noch bleibt. Seelenlose Tage verlebe er, wie ein Fisch auf sandigem Boden, der Ekel auf alles und jeden sei groß, meldet er seiner Vertrauten, aber er lese Goethe, was sie wie immer erfreuen muss. Das weiß er und schließt: »Wenn ich Sie nicht hätte, säh' es bös mit mir aus.« In der Tat ist Mathilde Wesendonck in diesen Monaten der einzige Mensch auf der Welt, dem er sich anvertrauen kann, und der ihm zuhört. Er trifft Liszt in Paris, doch zwischen ihnen ist keine Freundschaft mehr, und er spart gegenüber Mathilde auch nicht mit bösen Worten, wenn er meint, sein einstiger Vertrauter berausche sich nur noch an seinem eigenen Schein. »Lassen Sie ihn sich nicht verderben«, rät sie ihm daraufhin, weiß sie doch um sein harsches Wesen und um den Umstand, dass er alle seine Freunde vergrätzt hat. Zugleich bittet sie ihn um ein neues Photo von ihm, damit sie es in ein Album einkleben kann. Das bleibt indes das einzige Wort, das

Zuneigung verrät in diesem, wie sie ihn nennt, Plauderbrief, der ihn noch in Paris antrifft, wo er inzwischen seine Wohnung aufgelöst hat. Minna ist schon weg, nach Weimar, er aber noch nicht auf dem Weg nach Wien oder anderswo. »Somit weihe ich denn nun den Rest meines Lebens der Wanderschaft«, klagt er Mathilde und reist nach Weimar, trifft Liszt und seine Frau und fährt von dort doch nach Wien weiter.

»Von Ziel ist längst keine Rede mehr«, teilt er Mathilde aus Wien mit, sie aber antwortet, sie wolle nicht immer nur Trübsal von ihm lesen, worauf er verspricht, sich zu bessern und also von den schönen Stunden des Lebens schreibt. Doch lieber klagt er, spricht von den Ausrufezeichen in seinen Briefen, die Exklamationen seien zu seinem Leben, wenn er die Musik, die allein in rette, verlasse. »Leiden, Kummer, ja Verdruss, üble Laune nimmt bei mir diesen enthusiastischen Charakter an. – Weshalb ich denn auch gewiss andren so viel Not mache!« Er bittet Mathilde, nach Wien zu kommen. Sie stellt es in Aussicht. Kommt aber nicht. Fährt mit Ihrem Mann nach Venedig. Wagner kommt nach, lässt sich von Wesendonck einladen ins »Danieli« an der Riva, die er so gut kennt, ist er doch, zwei Jahre ist es erst her, hier oft entlang flaniert. Mathilde gesteht ihm, sie sei schwanger. Wagner verstummt für alle Tage von Venedig. So hat er sich die Entsagung nicht vorgestellt.

NACHSPIEL
»Wißt Ihr, wie das wardt?«

»**NUN ERST BIN ICH GANZ** resigniert!« überschrieb Richard Wagner Ende Dezember 1861 ein manifestartiges Bekenntnis, das er Mathilde Wesendonck nach Zürich sandte. Es wäre zwar unnütz, alles auszusprechen, gab er im Vorwort dazu an, da sie ja längst alles wisse, doch er wolle sich damit selbst vergewissern, dass alles so sei, wie es sei. »Das eine hatte ich nie aufgegeben, und glaubte es mir schwer gewonnen zu haben: mein Asyl noch einmal wiederzufinden, in Ihrer Nähe wieder wohnen zu können. – Eine Stunde des Wiedersehens in Venedig genügte, um dieses letzte Wahngebild mir zu zerstören.«

Hoffte Wagner insgeheim noch auf einen Widerspruch ihrerseits? Oder wollte er sich mit diesem Bekenntnis wirklich von dem Wahngebilde unbedingter Liebe verabschieden? Er hatte ihr entsagt, sie auch ihm, aber sie nicht ihrem Mann. Das hatte er in Venedig erfahren, das stürzte ihn über lange Zeit in schrecklichste Verzweiflung. Wagner versuchte in dieser Erklärung noch einen mehr oder weniger geschickten Schachzug, um sie vielleicht zum Widerspruch zu bewegen und sie doch wiederzugewinnen, und spielte da den verständigen Mann mit großmütiger Geste. Er habe erkannt, dass sie ihre Freiheit, die sie notwendig brauche, nur erhalten könne, wenn er ihre Nähe meide. Er wolle sie nicht von ihm beengt, bedrängt und beherrscht sehen, behauptete er gar, und es sei ihm gar ein Trost, sie in einer gesicherten bürgerlichen Lage zu wissen. Immerhin stellte er gegen Ende fest: »Das ist ein merkwürdiger Brief«, und in einer gewissen Unsicherheit fügte er hinzu: »Sie glauben nicht, wie leicht es mir nun ist zu wissen, dass Sie wissen, dass ich weiß, was Sie lang' wussten.« Sie wird es kaum geglaubt haben, und so kam auch kein Widerspruch zu diesem Manifest der Resignation. Und er, wird er sich geglaubt haben? Zumal er dringend eines Zuspruchs bedurfte.

Die Aufführung des »Tristan« in Wien war nämlich in weite Ferne gerückt, da der Tenor Alois Ander, der die Titelrolle übernehmen sollte und als einziger in der Lage war, sie zu singen, an den Stimmbändern erkrankt war. Und so ging Wagner, da er nicht wusste, was er in Wien tun sollte, »niemand wollte mich«, erst einmal nach Paris zurück, wo er im Palais der Fürstin Metternich kurzzeitig Zuflucht erhielt, um dann ein winziges Zimmer am Quai Voltaire zu beziehen. »Hier gebe ich mir die größte Mühe, mich zu verleugnen«, notierte er, wollte sich der Arbeit wieder zuwenden, flehte: »Gib Vergessen, dass ich lebe!« Vergessen aber womit, mit welcher Droge, gab es doch als Mittel des Vergessens für ihn nur die Musik. Noch hatte er nichts gefunden, was die Arbeit lohnte, dachte flüchtig an ein früheres Vorhaben zu den »Meistersingern von Nürnberg«, wusste nicht, was er mit sich anfangen sollte, wusste nicht, was sein Auge tun sollte, das er so tief in ihr Auge, Mathildes, versenkt hatte, so tief wie Tristan seins in das Isoldes, jenes Auge der Liebe, schrieb an Mathilde: »Ich hab das Auge nur noch, um Tag und Nacht, hell oder düster, zu unterscheiden.« Allein innere Bilder sähe er, und die verlangten nach Klang, nach Musik, aber wofür? Wenige Tage später schickte Mathilde Wesendonck ihrem einstigen Geliebten den Entwurf, den er im Jahr 1845 in Marienbad schon zu den »Meistersingern« verfasst, und den sie aufbewahrt hatte. »Ich segne die Wiederaufnahme dieser Arbeit«, antwortete sie, ihn aufmunternd in seine Unentschlossenheit hinein, »und freue mich darauf wie auf ein Fest. In Venedig hätte ich solche Hoffnung kaum zu schöpfen gewagt«, erschien er ihr da doch in seinem dauernden verschlossenen Schweigen an einem Ende angelangt. Zwar war sie ihm nun nicht mehr Muse, aber sie drängte ihn mit Erfolg zur Kunst zurück, denn er begann nun fast fiebrig an den »Meistersingern« zu arbeiten, auch wenn er, wie er ihr mitteilte, weiterhin einer Aufführung des »Tristan« sein Hauptaugenmerk schenkte, und er wusste auch warum, denn wenige Tage vor seinem Manifest der Resignation hatte er ihr noch einmal bestätigt: »Dass ich den ›Tristan‹ geschrieben, danke ich Ihnen aus tiefster Seele in alle Ewigkeit.« Doch bis zur ersten Aufführung ihrer Oper sollte noch eine kleine Ewigkeit vergehen.

Derweil lastete der Schock von Venedig noch lange auf Wagners Gemüt. Bleiern seien die Tage dort gewesen, grässlich die Rückreise und die folgenden Wochen, verriet er Mathilde, und gekränkt wie er war, kündigte er ihr an, von nun an erfahre sie nur noch das Notwendigste von ihm, nur das Äußerliche. »Innerlich – seien Sie das versichert! – Geht gar nichts mehr vor.« Mit »Der Meister« unterzeichnete er das Manifest des endgültigen Verzichts.

Auch seinem neuen Freund, dem Komponisten Peter Cornelius, teilte er mit, von nun an würde eine längere »Stockung« des Briefverkehrs mit seiner »Freundin« Mathilde Wesendonck eintreten und schilderte den Grund beschönigend so: »Es ist zwischen uns alles durch vollständigste Resignation geordnet, dass ich nur in guter freundlicher Laune noch mich ihr mitteilte, namentlich auch, weil der Umgang mit ihrem höchst rechtschaffenen, aber mir lästigen Mann sich mir als unerträglich herausgestellt hat.« Trotz des endgültigen Verzichts führte die Eifersucht weiterhin Wagners Feder. Doch allen Ankündigungen zuwider wechselten in den kommenden Wochen, in denen Wagner einsam in Paris saß, Briefe hin und her, und er wird sich von dem »lästigen Mann« in Kürze auch wieder finanziell unterstützen lassen.

Obwohl er Mathilde nur noch von Äußerlichem berichten wollte, verriet er Mathilde schon eine Woche später, nämlich Anfang Januar 1862, seinen Gemütszustand: »Ich bin nicht wohl mit mir dran! Doch helfen mir ›Die Meistersinger‹: Ihnen zu lieb halt' ich's aus.« Dem nächsten Brief acht Tage später zum Neujahr legte er Stolzings Lied »Am stillen Herd« bei. Sie antwortete mit Schopenhauer, mit dessen Wesen er so viel Ähnlichkeit besitze, sprach von dem Los des »Einsamkeit blickenden Auges« und in einer Mischung aus Liebes- und Dankbarkeitserklärung: »Eine alte Sehnsucht überfiel mich, einmal in dies begeistert schöne Auge zu blicken« – in das Schopenhauers oder doch eher Wagners? –, »in den tiefen Spiegel der Natur, der dem Genius gemeinsam ist.« Das war wieder einmal Balsam auf Wagners verletzte Seele, den nur sie spenden konnte. »Unser persönlicher Verkehr trat mir ins Gedächtnis zurück, ich sah die ganze reiche Welt vor mir, die sie dem Kindergeist erschlossen, mein Auge hing mit Entzücken an dem Wunderbau, höher und höher schlug das Herz vor innigem Dankgefühl ... Solange ich atme, werde ich nun streben, das ist Ihr Teil!« Das einst weiße Blatt hatte er beschrieben, das dankte sie ihm, davon würde sie in aller Entsagung für immer zehren können. Er hatte in ihr so viele Seiten zum Klingen gebracht, die an der Seite ihres Manns verkümmert waren. Zudem hatte er sie zur Dichterin gemacht, gar ihre Verse in Musik gesetzt, und so schickte sie ihm ihre neuen Gedichte, während er ihr seine Dichtung samt Musik sendete. Überraschend kündigte sie an, irgendwann, wenn er sich irgendwo wieder niedergelassen hätte, würde sie sich bei ihm einschleichen, was so sicher wäre, wie »die Wichtelmännchen den armen Bauer verfolgten.« Wagner konnte nicht von Mathilde lassen, sie war und blieb seine einzige Vertraute, seine einzige Liebe. Und sie? Hatte sie doch nicht bedingungslos zu ihrem Mann zurückgefunden und ihre Liebe zu Wagner der Familie geopfert, wie er in Venedig meinte?

Kaum hatte Wagner Ende Februar Paris verlassen, um nach Karlsruhe zu gehen und sich dann in Biebrich am Rhein niederzulassen, schickte er ihr das Manuskript seiner »Meistersinger«-Dichtung zu, nannte es ihr Eigentum, da sie diese ja angeregt hatte, bedauerte, dass er sie ihr nicht vorlesen könne, wie es doch eine alte Gewohnheit sei. »Wenn nur das Kind vom grünen Hügel schriebe«, flehte er sie an, als er gerade in Biebrich, wo er die »Meistersinger« vollenden wollte, ein Zimmer mit Blick auf den Rhein bezogen hatte. Sie schrieb: »Fast niemals sprudelte der Quell Ihrer Dichtung reicher und ursprünglicher als dieses Mal.« Doch diesmal kein Wort der Liebe mehr, hatte es drei Wochen zuvor sie selbst überrascht? Nur ein Lebewohl.

Er indes erinnerte sie daran, aus Paris angekündigt zu haben, von seinem Leben fortan nichts mehr preiszugeben, nur noch von seinem Schaffen. »Wie aber, wenn ich nicht zum Schaffen komme, wenn mir nur das Leben zu tun macht?«, stellte er ihr die unbeantwortbare Frage, hinter der sich Liebessehnsucht verbarg, und kündigte nun an, in seinem neuen Domizil sein »Meistersingerschicksal« zu erwarten. Doch in dieses Warten brach Minna plötzlich ein, stand eines Nachmittags um zwei Uhr vor der Tür, und er ließ sie ein, freute sich wie ein Kind, hatte sie auch gelockt: »Würde Dir eine Niederlassung in Biebrich erwünscht sein? Würdest Du Lust haben?« hatte er mehrere ein Ja erheischende Fragen nach Dresden, wo sie wieder einsam lebte, geschickt, hatte sie weiterhin mit der Ankündigung gelockt: »Ein Hund wird bald angeschafft.« Nun, da er von Mathilde endgültig getrennt sich glaubte, wollte er seine Frau als eine Art Lebensversicherung erneut bei sich haben, schrieb gar an Bülow: »Vermutlich werde ich nächstens wieder meine Frau heiraten.«

Doch am ersten Morgen nach dem Wiedersehen, am Abend hatte er Minna noch aus den »Meistersingern« vorgelesen, was sie langweilte und was ihn dann erzürnte, da brachte der Postbote einen Brief von Mathilde Wesendonck ins Haus,« von diesem Luder der W.«, wie Minna sofort nach Dresden meldete. Alles war in diesem Moment entschieden. Keine erneuerte Ehe, keine gemeinsame Wohnung mehr, zehn Tage Hölle, wie er schrieb, und das Ende.

Als sie in einer Kiste auch noch ein gesticktes Kissen, Tee, Eau de Cologne und eingewickelte Veilchen entdeckte, die das »Mistweib«, so wieder sie nach Dresden, aus Zürich ihrem Mann geschickt hatte, kam es zum endgültigen Bruch. »Leider musste ich mich von Neuem überzeugen, dass mir es dieser grässliche Mensch unmöglich macht, mit ihm zusammenleben zu können.« Minna reiste zurück und war froh wieder bei Jacquot in Dresden zu sein, der ihr bestätigte: Richard Wagner ist ein böser Mann. Der vertraute Cornelius seinerseits an, ein Irrenhaus wäre seine Wohnung in den letzten Tagen gewesen: »Liebster: es steht nun fest, ich kann unmöglich mehr mit meiner Frau zusammenleben!« Aber mit wem denn überhaupt noch?

DER LANGE ABSCHIED

Die Ehe mit Minna Wagner war endgültig gescheitert, doch bis zur Scheidung wird es noch lange dauern, hatte er doch Bedenken wegen der Grausamkeit der Prozedur, wie er Cornelius mitteilte. Der gegenseitige Verzicht aufeinander, den Richard Wagner und Mathilde Wesendonck leisten wollten, schien noch nicht endgültig zu sein, fanden sich doch weiterhin in seinen Briefen offene oder versteckte Liebesbekundungen, in ihren bisweilen auch. Ein langer Abschied, bis er ausgerechnet mit der Uraufführung von »Tristan und Isolde« besiegelt sein sollte.

In der ersten Fassung der »Meistersinger«, die er in den letzten Monaten gedichtet und komponiert hatte, versteckte Wagner eine Reihe von Anspielungen auf ihre Liebe und den Liebesverzicht, die nur sie enträtseln konnte, und es kam zu einem angeregten und anregenden Briefwechsel darüber, sodass Mathilde erneut, nun aber aus der Ferne und diesmal schriftlich, zur Muse wurde. So gab er ihr an, er habe einsam an sie denkend an dem Tag, an dem er in sein fünfzigstes Jahr ging, in seiner Biebricher Stube gesessen, als ihm das Vorspiel zum Dritten Akt eingefallen sei. Hatte er Passagen der »Meistersinger« vollendet und las sie vor, etwa bei seinem Verleger Franz Schott in Mainz, bedauerte er lebhaft, dass sie nicht zugegen war, hätte sie doch besser verstanden als die dort Versammelten.

»Es Ihnen zuerst vorzulesen, hatte ich aufgeben müssen«, schrieb er ihr, doch er hatte »einigen Ersatz« gefunden, aber der war keine Frau, sondern ein jüngerer Mann. In Carl Tausig, Karl Klindworth und Karl Ritter hatte er mehrfach schon junge Männer, die entweder Pianisten oder Komponisten waren, an sich gezogen, die ihn bewunderten und ihm in Zeiten der Krise zum Trost wurden. Nun also Peter Cornelius, wie Wagner ein Dichter und Komponist, indes nur zwölf Jahre jünger. Er bestritt in Wien mit Klavierstunden seinen kargen Unterhalt, obwohl sein Lehrer Franz Liszt in Weimar schon seine Oper »Der Barbier von Bagdad«, jedoch unter Buhrufen des Publikums, aufgeführt hatte. Cornelius bat er nun gleichsam als Ersatz für Mathilde nach Mainz. Hörig, wie dieser Wagner war, setzte er sich umgehend in die Eisenbahn, fuhr nach Mainz, ließ sich zu Füßen des Meisters nieder, hörte Auszüge aus den »Meistersingern« und fuhr im Tag darauf wieder nach Wien zurück. »Er liebt mich sehr«, teilte Wagner Mathilde mit. »... Schreiben Sie ihm: er liebt sie auch«, so als müsste der durch ihn hindurch seine Geliebte lieben. Jamais deux sans trois. Ein Liebesmuster. Für ihn. Für Mathilde auch?

Plötzlich brach der Briefwechsel mit Mathilde ab, nachdem sie ihm ein neues Gedicht gesandt hatte, er sie noch einmal an ihre »Zeiten wunderbarer Leidenschaft« erinnert hatte, aber zugleich Worte des Messias zitierte: »Mein Reich ist nicht von dieser Welt« und »Gebt das Wünschen selbst auf!« Entsagung predigte er erneut und bezeichnete allein seine Kunst als Rettung. Doch welchen Grund gab es, dass er den nächsten Monaten sich nur an ihren Mann wandte? Grund war wieder einmal das Geld, das fehlende. Der Verleger Schott hatte Wagner einen monatlichen Vorschuss für die »Meistersinger« gezahlt. Doch da biss der Jagdhund seines Biebricher Nachbarn den hundeliebenden Komponisten in die rechte Hand, sodass er seine Arbeit abbrechen musste und vielleicht auch wollte. Schott drohte die Zahlung einzustellen, was Wagner erst einmal verhinderte, indem er ihm die Fünf Lieder nach Gedichten von Mathilde Wesendonck verkaufte. Sie wurden nun öffentlich und erstmals am 30. Juni des Jahres in der Villa der Betty Schott in Laubenheim bei Mainz aufgeführt. Emilie Genast sang diese Lieder von den Träumen, den Schmerzen, dem Engel, der bitte doch stillstehenden Zeit und vom Treibhaus, begleitet von Hans Bülow. Cosima war zugegen und weinte vor Rührung, Mathilde, die Dichterin der Verse, war in ihrer Villa von Zürich geblieben, die schon lange kein Treibhaus mehr war.

Das war nur ein Aufschub, denn bald setzte Schott die Zahlung ganz aus, und so initiierte Wagner »eine Kollektivanleihe« bei seinen Freunden und natürlich auch bei seinem edelsten Gönner, Otto Wesendonck. Eine »Unzartheit« nannte er nach allem, was vorgefallen, zwar seinen Hilferuf an ihn. Doch generös, wie der war, zahlte er, mehrfach, und beauftragte gar einen Maler, den Komponisten zu portraitieren, als Geschenk für seine Frau, die gerade wieder Mutter geworden war. Cäsar Willich kam. Der ungeduldige, motorisch nervöse Mann musste ihm Modell sitzen, hatte dazu seinen venezianischen Samtschlafrock angetan und drehte ihm sein Profil zu. »Es war ein schreckliches Bild«, sollte Wagner zum Wagner im Schlafrock notieren. Zwar versprach er der Wesendonck, die »Meistersinger« schnell zu Ende zu komponieren, doch da kam der Tenor Ludwig Schnorr von Carolsfeld zu ihm angereist, sodass er sich weiter vor dem Komponieren drücken konnte. Zwei Wochen lang studierten sie die Partie des Tristan ein, da Wagner hoffte, er könne die Rolle für den kranken Alois Ander übernehmen.

WIEN

Plötzlich hatte Wagner den Rhein verlassen, war Ende November zur Donau aufgebrochen. Die unfertigen »Meistersinger« legte er in Wien beiseite, wollte sich nur noch dem »Tristan« zuwenden, der bald auf die Bühne kommen sollte, so hoffte er, so meldete er es Wesendonck. Um die Wiener darauf vorzubereiten, dirigierte er in zwei Konzerten Ende Dezember und Anfang Januar 1863 Partien aus dem »Ring« und den »Meistersingern«. Doch die Proben zum »Tristan« mussten erneut unterbrochen werden, da Alois Ander weiterhin Stimmprobleme hatte, und Luise Dustmann-Meyer, die die Isolde geben sollte, von Eifersucht geplagt sich der Rolle verweigern wollte. Was war geschehen? Ihre Schwester Friederike Meyer, die Schauspielerin am Theater in Frankfurt war, hatte Wagner nachgestellt, und der hatte sich von ihr einfangen lassen. Sie besuchte ihn in Biebrich, und der Komponist des »Tristan« dachte ein kurze Zeit lang daran, sich mit ihr zu verbinden, was die in Aussicht genommene Isolde heftig verstimmte. Noch eine andere Frau war in sein Leben getreten, eine Maier, auch eine Mathilde, die er im Haus der Schotts kennen gelernt hatte. Diese Affären mit der Meyer und der Maier hatten auch den Briefwechsel mit Mathilde Wesendonck eine Zeitlang zum Stocken gebracht. Wagner fühlte sich frei für eine neue Frau, nachdem er seine Ehefrau einen Tag lang in Dresden bei einem Blitzbesuch ein letztes Mal gesehen hatte. Doch schließlich blieb das Werben um eine neue Frau vergeblich. Er war und blieb allein, und Ende Dezember war auch die wahre Mathilde wieder in seinen Traum eingefallen.

»Ich hatte einen lieblichen Traum von Ihnen diese Nacht, gleich nach dem Einschlafen«, schrieb er zu ihrem vierunddreißigsten Geburtstag. »Ich sehe, dass wenigstens der Traum sich noch um mich kümmert«, worauf sie nach all den Wochen seines Schweigens knapp antwortete: »Je mehr die Wirklichkeit sich uns entzieht, je wacher wird der Traum.«

Was nun tun in Wien? Die Aufführung des »Tristan« war erneut in ungewisse Ferne gerückt, zu den »Meistersingern« fehlten Muse, Muße und Geld. So verzichtete Wagner auf einen festen Wohnsitz und nahm ein Wanderleben als Kapellmeister auf, obwohl er schon seit langer Zeit dem Dirigieren entsagen wollte. Doch hatte die ihm zugetane Marie Gräfin Kalergis mit ihren weitreichenden europäischen Kontakten ihm eine Tournee vermittelt, die mit guten Gagen lockte. Prag, dann Königsberg und St. Petersburg waren die ersten Stationen der Konzertreise. In der Stadt beiderseits der Newa stellte er neben Beethoven auch Bruchstücke seiner Werke vor und gab zudem eine Lesung mit eigenem Gesang der »Meistersinger«, vor russischem und deutschstämmigem Adel. Danach Moskau, in eisiger Kälte und Schnee, dann Tauwetter und »Schneejauche«, durch die Wagner zum Theater waten musste und sich dabei schwer erkältete. Drei Konzerte im Großen Theater der Stadt, dann erneut das angenehmere Petersburg, Rückfahrt über Berlin, wo er bei Cosima und Hans von Bülow unterkam, und es zu einem unerhörten Ereignis kam, das sein Leben bald in völlig neue Bahnen lenken würde. Von da nach Wien. Die Konzerte hatten ihm soviel Geld eingebracht, das er verschwenden konnte.

In Penzing bei Wien mietete er sich luxuriös ein, hatte ein Heim gefunden, fand aber keine Frau für das Haus. Denn Mathilde Maier, die er gebeten hatte, zu ihm zu kommen, sagte ihm ab. Auch Friederike Meyer lockte er, doch auch sie lehnte ab. Also begab Wagner sich wieder auf Konzertwanderschaft, dieses Mal nach Budapest, und kehrte nach Wien zurück. Mathilde Wesendonck schien er über die Liaisons mit den anderen Frauen endgültig vergessen zu haben. Doch die Sehnsucht nach einer Frau, nach der Frau seines Lebens und nach einem Asyl bemächtigte sich seiner wieder, und so schrieb er kurz nach seinem fünfzigsten Geburtstag, nein, nicht ihr nach so langem Schweigen, sondern ihrer Freundin und seiner Vertrauten Eliza Wille, schrieb ihr jenes Liebesbekenntnis, das er ihr nicht mehr geben konnte, durfte nach aller Entsagung. »Ich will dieser Tage endlich mal wieder Wesendoncks schreiben. Allein – ich kann nur ihm schreiben. Ich liebe die Frau zu sehr, mein Herz ist so überweich und voll, wenn ich ihrer gedenke, dass ich unmöglich an sie in der Form mich wenden kann, die nun zwingender als je mir gegen sie auferlegt sein müsste. Wie mir's um das Herz ist, kann ich ihr aber nicht schreiben, ohne Verrat an ihrem Mann zu begehen, den ich innig schätze und werthalte. Was ist da zu tun?«, fragte er und hoffte auf Eliza Wille als Postillon d'amour. »Ganz in meinem Herzen verheimlicht kann ich's auch nicht halten: ein Mensch wenigstens muss wissen, wie es mit mir steht. Drum sag' ich's Ihnen: Sie ist und bleibt meine erste und einzige Liebe.«

Höhepunkt seines Lebens sei sie gewesen, was ihm jetzt noch einen tiefen Seufzer eingebe, da ihm allein der Traum von dieser Liebe bliebe. »Was mache ich nun?« Gespielte oder echte Ratlosigkeit des Manns von fünfzig Jahren? »Soll ich die Liebste in dem Wahne wissen, sie sei mir gleichgültig geworden?« Nun folgte der eigentliche Zweck dieses Schreibens: »Sollen Sie sie aus solchem Wahne reißen? Würde das ein Gutes haben?« Und er provozierte ein Ja von Eliza Wille auf diese Frage, hoffte, dass sie ihre Freundin von diesem Liebesbekenntnis unterrichten würde.

Seit seinem Fortgang aus Zürich habe er eigentlich nur in Verbannung gelebt, gestand er ihr noch, streute zudem den Hinweis in den Brief, von seiner Frau habe er sich endgültig getrennt, und um die Sentimentalität der Erinnerung noch weiter zu treiben: »Nun hab' ich wieder die grüne Mappe aufgeschlagen, die sie«, Mathilde, »mir einst nach Venedig schickte: Wie viel Lebensqual war seitdem ausgestanden worden! Und nun, mit einem Male wieder ganz umfangen von dem alten, unsäglich schönen Zauber! Darin Skizzen zu ›Tristan‹, zu der Musik ihrer Gedichte –«, und Wagner hoffte, wenn sie als Freundin das alles Mathilde erzählte, würde auch sie die Erinnerung übermannen, und er schloss den Brief: »Man liebt doch nur einmal, was auch Berauschendes und Schmeichelndes das Leben an uns vorbeiführen mag: Ja, jetzt erst weiß ich ganz, dass ich nie aufhören werde, sie einzig zu lieben«, was eine Lüge beinhaltete, denn er hatte in Berlin schon einer anderen auch ewige Liebe versprochen. Vielleicht aber auch nur als Rettungsanker für sein Restleben, für den wahrscheinlichen Fall, dass Mathilde ihm weiterhin entsagen würde?

Am Tag darauf schickte er ihrem Mann einen Brief, mit einer diesem gemäßen Variante: »Bedenke ich, in welch ruhelose Zustände ich geraten bin, seitdem ich Zürich verließ«, schrieb er Otto Wesendonck aus seinem Penzinger Luxusdomizil, »so kann ich nicht umhin, mein Schicksal hart anzuklagen«, und klagte weiter mit exklamatorischer Interpunktion: »Asyl – Asyl! – Wie oft glaubte ich nun schon, ein Asyl gefunden zu haben!!«, erinnerte so ebenfalls an das »Asyl«, das er ihm geboten hatte, um zugleich zur Ausstattung seiner jetzigen Wohnung zu kommen, die er sich so behaglich einzurichten gedenke wie irgend möglich, und schrieb doch wahrhaftig den Satz: »Wollt Ihr etwas dazu beitragen, so wird mir das von niemand willkommener sein«, und versuchte noch ihm zu schmeicheln: »Denn eigentlich seid Ihr doch die einzigen, denen ich auf dieser Erde angehöre«, und erbat von ihm ein Photo seiner Frau, von seiner Geliebten.

Otto Wesendonck war verstimmt nach diesem Brief, waren doch Gerüchte über Wagners luxuriöses Domizil bis nach Zürich gedrungen. Hatte Eliza Wille indessen ihre Freundin Mathilde von Wagners Liebesbekenntnis unterrichtet? Ende Juni schickte sie jedenfalls eine neue, ein braune Mappe nach Penzing, die nun nicht mehr für den »Tristan« bestimmt war, sondern für »Die Meistersinger«, zu dessen Gelingen sie ja ebenso beigetragen hatte. Er dankte ihr wortreich aus der Wohnung, in der er zwar ruhig lebe, aber nicht zur Ruhe komme. Eine Woche später traf dort ein dickes Kuvert ein, das Gedichte von ihr enthielt, die sie bat, mit in die Mappe zu legen: Dem Begleitbrief hatte sie das »Tristan«-Motto vorangesetzt: »Mir verloren – Mir erkoren – ewig geliebtes Herz.« War wirklich alles verloren, oder gab es für ihre Liebe eine neue Chance? Wieder waren es fünf Gedichte, wie damals im Treibhaus von Zürich, doch diese neuen würde Wagner nicht vertonen, auch deren letztes nicht.

> Ich habe ein Grab gegraben
> Und leg't meine Liebe hinein,
> Und all mein Hoffen und Sehnen
> Und all meine Tränen
> Und all meine Wonne und Pein.
> Und als ich sie sorglich gebettet –
> Da legt' ich mich selber hinein.

Also doch ein Liebestod, ein Liebestod nicht in höchster Lust wie in »Tristan und Isolde«, sondern in Entsagung höchster Lust? Meisterin nannte er sie nach dem Empfang der Gedichte, der sich selbst so gern Meister nannte, eine sie schmeichelnde Auszeichnung also, ging aber auf ihre Gedichte mit keinem Wort ein, sondern schrieb einen seitenlangen, Mitleid heischenden Brief. »Es steht nicht gut mit mir! – Und des Lebens bin ich recht überdrüssig.« Nirgends gäbe es Hoffnung, in Berlin hätte sich der Generalintendant der Oper, Botho von Hülsen, geweigert, ihn zu empfangen, den Vorschlag Hans von Bülows zu einem Konzert mit ihm hätte er schlichtweg abgelehnt, in Wien versagte man ihm jedes Gespräch über die doch vereinbarte Aufführung des »Tristan«, während er in Russland und Ungarn mit seiner Musik Triumphe gefeiert habe. Nur in der Erinnerung läge noch Freude, gab er ihr erneut zu bedenken, aber: »Davon kann und darf ich nicht schreiben!«

Was er mit dem Brief erreichen wollte, erreichte er: Mitleid. »Ich leide gern mit Ihnen. Mein ganzes Sein fühlt sich geadelt, mit Ihnen leiden zu dürfen«, antwortete Mathilde postwendend. Gemeinsam hatten sie in Zürich sowohl die Schriften Schopenhauers gelesen, als auch die Lehren des Buddhismus studiert, und beide besagten, Mitleid sei die höchste Form der Liebe. Doch um wie vieles lieber hätte Richard Wagner auf das Mitleid verzichtet und wäre zu ihr gekommen. »Freudehelfeloser Mann« nannte sie ihn in seiner wirklichen oder gespielten Not und verwendete damit einen Ausdruck von Walter von der Vogelweide. »Mir schwindelt der Kopf, wenn ich an all die Trostlosigkeit denke, die Sie umgibt«, woraufhin er sich selbst den Vorwurf machte, sie mit seinen Klagen »befallen« zu haben. Daraufhin antwortete sie mit einem anderen Vorwurf: »Sind fünfzig Jahre nicht Erfahrung genug, und sollte da nicht endlich der Moment eintreten, wo Sie ganz mit sich im Reinen wären?« War sie sein dauerndes Klagen leid geworden? In einem Moment, da ihr Mann schwer an einer Muskelentzündung mit rheumatischem Fieber erkrankt zu Hause lag und wirklich heftig litt? Da sie ihn nicht ausdrücklich nach Zürich einlud, lud er sich selbst zu ihr ein. Im November werde er kommen. Vergeblich versuchte sie, seinen Besuch auf das Weihnachtsfest zu verschieben. Nachdem Wagner in Karlsruhe in Anwesenheit des Großherzogs ein Konzert mit seinen Werken dirigiert hatte und danach zusammen mit der Gräfin Kalergis einige Tage in Baden-Baden verbracht hatte, machte er sich nach Zürich auf. Er sah die Villa und sein »Asyl« wieder, kein Treibhaus fand er mehr vor. In seinem »Asyl« war ein Studierzimmer für den Sohn der Wesendoncks eingerichtet, in der Villa traf er auf einen erschöpften Hausherrn, der nach langer Krankheit gerade halbwegs genesen war, und eine kraftlose Mathilde, die ihn wochenlang hatte pflegen müssen. Zwei gealterte, vom Leben erschöpfte Männer standen voreinander, die sich nicht viel zu sagen hatten. Dazwischen eine noch immer attraktive, aber blasse und kränkliche Frau, die der Schroffheit ihres Mannes gegenüber dem Gast nichts entgegensetzen konnte.

Ein kurzer Besuch ohne Ergebnis seien die Tage gewesen, notierte Wagner. Man war sich fremd geworden, und so kehrte er enttäuscht seinem einstigen »Asyl« und dem Ort seiner großen Liebe den Rücken, sollte ihn nicht mehr wiedersehen.

LANGSAMES VERGESSEN

Wagners letzte Illusion, das »Asyl« noch einmal beziehen und so seiner Liebe nahe sein zu können, war in wenigen Tagen zerstoben. Otto Wesendonck hatte eine unsichtbare Mauer um sein Haus und seine Familie errichtet, Mathilde sich endgültig in eine Entsagung eingefunden. Von nun an würde sie sich nur noch den Kindern widmen und in der Dichtung Trost finden. Eine Sammlung ihrer Gedichte und Legenden war im Vorjahr schon in Zürich erschienen, darunter fanden sich auch die Verse zu »Die Verlassene«:

> Sprich, warum dies bittre Scheiden?
> Nimmst mit dir mein ganzes Glück.
> Soll ich's tragen dich zu meiden,
> Gib mich erst mir selbst zurück!
>
> Gib zurück den reinen Frieden,
> Den dein Blick dem Busen stahl;

Die der Liebe Glück gemiedne,
Nimm ihr auch der Liebe Qual.

Schlossest mir des Himmels Wonnen
Auf in einem heil'gen Kuss;
Weh! Er ward zum Tränenbronnen
Dass ich immer weinen muss.

O dass nie in späten Jahren
Dich mein Bild im Geist betrübt;
Mögest nimmer du gewahren,
Wie heiß ich dich geliebt.

All' des Himmels reichsten Segen
Fleh' ich auf dein Haupt herab,
Bete, dass sie bald mich legen
In ein einsam stilles Grab!

Der lange Blick, der Liebe erzeugt, hatte vor einigen Jahren ihr den Seelenfrieden gestohlen, auch wenn er zeitweise Liebesglück gab und Leidenschaft auslöste, die aber eben auch Leiden schafft. Nun war alles zu Ende, Ruhe in ihrem Leben eingekehrt, auch wenn sie einer Grabesruhe ähnelte. Einige wenige Brief gingen nach diesem letzten Besuch noch hin und her, in denen allein das Notwendigste mitgeteilt wurde. Allmählich vergaß Wagner die einstige Muse und Geliebte, und wären nicht Anfang 1864 seine Wiener Gläubiger hinter ihm her gewesen, er hätte sie womöglich noch schneller vergessen. Doch so bat er Mitte März Eliza Wille, bei den Wesendoncks nachzufragen, ob die ihn im nächsten Sommer bei sich aufnähmen, ihm erneut Asyl gäben gegen die Drangsale, die er in Wien erlitt, damit er »Die Meistersinger« dort vollenden könne, wo er schon die Musik zur »Walküre« und zu »Tristan und Isolde« komponiert hatte. Er werde auch sonst nicht lästig fallen, gab er an, was als Fingerzeig an Otto Wesendonck im Hinblick auf dessen Frau zu verstehen sein könnte. Doch der lehnte es kategorisch ab, ihm Zuflucht zu geben. Als es keinen

Mathilde Wesendonck als alternde Frau. Portrait von Franz von Lenbach

Ausweg mehr in Wien gab – der »Tristan« war nach siebenundsiebzig Proben als unaufführbar endgültig abgesagt worden, die Gläubiger waren dicht auf seinen Fersen – floh Wagner, wie die Legende behauptet, in Frauenkleidern aus der Stadt, irrte durch München und begab sich in die Schweiz. Völlig verlottert, unrasiert und mit wildem Haarwuchs kam er am Zürcher Bahnhof an, wurde vom sechzehnjährigen Sohn der Willes abgeholt und von ihm erst einmal zum Barbier gebracht. Dann nahmen sie das Dampfschiff Richtung Mariafeld, wo Eliza Wille den verstörten und mürrischen Komponisten am 26. März aufnahm, aber nur weil ihr Mann nicht zu Haus weilte. Zwar war Wagner Mathilde nun nah, aber ferner als je zuvor. Denn die Wesendoncks weigerten sich lange, ihn zu empfangen oder ihn in Mariafeld zu besuchen, kamen schließlich eines Tages doch, aber die Kühle zwischen ihnen wich nicht. Als François Wille von einer Reise in den Orient in sein Haus zurückkehrte, bat er gegen den Willen seiner Frau

Wagner, das Haus zu verlassen. Es war der 30. April 1864. Wagner übergab Eliza Wille einen Brief an Mathilde, den diese jedoch ungeöffnet zurücksenden würde. An Peter Cornelius schrieb er, es müsse ihm ein Wunder geschehen. »Sonst ist's aus.« Aber das Wunder wird bald geschehen. Wenige Tage später schon.

Am 4. Mai traf Richard Wagner in München Ludwig II., den jungen neunzehnjährigen König von Bayern, der ihm huldigen und der ihn aufnehmen wird. Der königliche Gönner wird seinem Leben, in dem er Mathildes nicht mehr bedarf, wieder Sinn und Ziel geben. An Eliza Wille schrieb Wagner, die er vier Wochen lang, wie ihr Sohn dem Vater gemeldet hatte, schrecklich »perturbiert« hatte: »Kann das anders als ein Traum sein? – Mein Glück ist so groß, dass ich ganz zerschmettert davon bin.« Er hatte gefunden, was er lange suchte: einen großzügigen Mäzen seines Werks und einen Menschen, der sein Leben alimentierte. Richard Wagner residierte mit Pomp und Luxus im Palast des Königs am Starnberger See und erhielt wenig später vom Monarchen eine Villa in der Münchener Briennerstraße, würde unter königlichem Schutz sein Werk vollenden. Was wollte er mehr? Sein Vorleben konnte er vergessen, und so auch seine »ewige Liebe« zu Mathilde. Zwei Wünsche hatte er noch in seinem neuen, seinem zweiten Leben: ein Theater das seine Werke, vor allem den »Tristan« aufführte. Ludwig sagte es ihm zu. An Mathilde schrieb er sachlich: »Mein junger König ist dazu gemacht, alles in Ordnung zu bringen: Er hat die rechte Obstination. Jetzt muss Semper ein herrliches Theater für mich bauen, das geht nun schon nicht anders.« Der zweite Wunsch: eine neue Frau. Die hatte Wagner schon gefunden. Eine Tochter seines einstigen Freundes Franz Liszt. Nein, nicht Blandine. Cosima. Dass sie mit seinem Freund Hans von Bülow verheiratet war, störte ihn nicht. Der müsste sie für ihn, den Meister, hergeben, ja opfern. Bei seinem Besuch in Berlin Ende November des vorvorigen Jahrs hatten Cosima und Richard schon zueinander gefunden. Während einer Kutschfahrt. »Unter Tränen und Schluchzen besiegelten wir das Bekenntnis, uns einzig gegenseitig anzugehören.« Eine zweite ewige Liebe war gefunden. Cosima von Bülow verließ nun ihren Mann, reiste nach München und verbrachte den Sommer mit

Wagner am Starnberger See. »Ich bin geliebt«, schrie er in ein dilettantisches Gedicht hinein, das er mit der Überschrift »An Dich!« versah. Liebe mit Verrat mehrfach, an Mathilde, an Minna sowieso, an von Bülow, an Liszt. An sich selbst? Doch bald sollte die Oper der Opern um Liebesverrat, höchste Lust und Liebestod das Licht der Bühne erblicken. Zuvor sollte noch Isolde geboren werden, Cosimas und Wagners Tochter.

Wer aber sollte »Tristan und Isolde« dirigieren? Wagner wollte Hans von Bülow, den Freund, dem er gerade die Frau entführte. Der kam, obwohl seine große Trauer um den Verlust Cosimas ihn an den Rand eines Nervenzusammenbruchs führte. Wer sollte singen? Ludwig Schnorr von Carolsfeld den Tristan, mit ihm hatte er die Rolle ja schon in Biebrich einstudiert, seine Frau Malvina die Isolde. Die Uraufführung war für den 15. Mai 1865 festgelegt. Doch so einfach wurde es auch dieses Mal nicht. Malwine Schnorr hatte ihre Stimme überanstrengt, erkrankte an den Stimmbändern, musste erst einmal zur Kur. Nun war der 10. Juni im Münchener Hoftheater vorgesehen. »Freundin! Der Tristan wird wundervoll. Kommen Sie??«, schrieb Wagner knapp an Mathilde Wesendonck.

Am 10. Juni fand die Uraufführung der Oper, die ohne Mathilde nicht gedichtet und komponiert worden wäre, wahrhaftig statt. Der Sänger des Tristan starb drei Wochen später. Franz Liszt war nicht gekommen. Mathilde Wesendonck saß an diesem Sommerabend in ihrer Villa, schaute in den Park, auf die Alleen und Nebenwege, wo sie und er sich einander so oft abgepasst hatten, blickte hinüber zum »Asyl«, das einst ihren Geliebten beherbergt hatte, erinnerte sich an das Treibhaus ihrer Leidenschaften, in dem sie ihre Gedichte verfasst, und die er in Musik gesetzte hatte, in dem er »Tristan und Isolde« gedichtet, komponiert, ihr vorgelesen, vorgesungen, vorgespielt, ihr gewidmet, in sie eingeschrieben hatte. Vergessen können würde sie nicht. Nach München war sie nicht gefahren. Sie wollte ihre Oper nicht sehen, nicht hören.

AUSGEWÄHLTE LITERATUR

Richard Wagner, Sämtliche Briefe Bd. 4–13. Herausgegeben von Gertrud Strobel, Werner Wolf, Martin Dürrer, Leipzig 1979–2003
Richard Wagner, Werke in zwölf Bänden. Herausgegeben von Dieter Borchmeyer, Frankfurt 1983
Richard Wagner, Mein Leben 1913–1868. Herausgegeben von Martin Gregor-Dellin, München 1994
Richard Wagner an Mathilde und Otto Wesendonck. Tagebuchblätter und Briefe. Herausgegeben von Julius Kapp, Leipzig o. J.
Judith Cabaud, Mathilde Wesendonck ou le rêve d'Isolde, Arles 1990
Eva Rieger, Minna und Richard Wagner. Stationen einer Liebe, Düsseldorf 2003, 2. Auflage Düsseldorf 2007
Sibylle Zehle, Minna Wagner, Hamburg 2004
Werner G. Zimmermann, Richard Wagner in Zürich, Zürich 1987
Peter Wapnewski, Tristan der Held Richard Wagners, Berlin 1981
Wagner-Handbuch. Herausgegeben von Ulrich Müller und Peter Wapnewski, Stuttgart 1986

BILDNACHWEIS

akg-images: S. 136.
Landschaftsverband Rheinland/Rheinisches Landesmuseum Bonn: S. 12.
Nationalarchiv der Richard-Wagner-Stiftung Bayreuth: S. 21, 50, 59, 63, 75, 94, 104, 134, 164.
Richard-Wagner-Museum, Luzern: S. 81.
Zentralbibliothek Zürich, Graphische Sammlung: S. 41.